JN098245

日本における陰陽思想

平野 肇二

序分

　この度の「日本における陰陽思想」は、両親の２７回忌の供養として出版いたしました。７回忌には「田中智学先生小伝上」、１７回忌には「佐渡における日蓮聖人」。自分としては、それらは序分・正宗分。そして今回は、流通分として書き上げたつもりです。

　まず陰陽五行が、人々の生活と密着していた江戸時代から筆を起こし、その陰陽思想の源を探るべく、ホモサピエンスが日本に到達したところまで遡って見ました。幸い考古学研究のお陰で、縄文時代がいかに平和な文明社会であったかが明らかになり、そこには必ず文明思想があったという確信の元、その縄文思想を陰陽思想に置き換えてホモサピエンスの旅を逆流して筆を進めてみました。紀元前５世紀頃、支那・インド・ヨーロッパに伝わり、西暦元年から反転して中東・インド・支那そして日本へという具合にグローバル化して陰陽思想を捉えてみました。その間、本家である日本は神話を作り上げ、三種の神器を祭祀のシンボルとして 政 を行い、前方後円墳によって国を統一し、内外に文明の高さを示しました。大乗仏教が入ってくると、神仏習合という世界に比類なき宗教形態を作り上げます。しかし江戸時代末期に神道中心主義が強くなり、一時廃仏毀釈運動も起きますが、それをも乗り越え現在は原始仏教が再登場して世界的に一大ブームを起こしています。

　３０年間経済停滞状態が続く中、日本人はすっかり自信を無くし、老齢化も伴って少子化も進みあらゆる面で元気を亡くしています。再び日本人としての活気を取り戻すには、歴史を正しく検証し、古代の人々の思想を大切にすべきだと思います。日本には多くの偉人たちがいます。特に聖徳太子は、宗派を越えて太子信仰としても人気が高く、昭和５年〜同６１年まで戦前・戦中・戦後を通して紙幣の図柄として採用されています。敗戦後、GHQ が聖徳太子の肖像を使用中止にしようとしますが、時の日銀総裁（一万田尚登）がはねのけたそうです。また聖徳太子が建立された法隆寺の昭和の大改修も昭和９年〜同６０年まで続けて行われています。６０７

年創建なので世界最古の木造建築として日本で初めての世界文化遺産に指定されています。このように聖徳太子は長く人々に尊敬・敬愛されてきた事実は否定できるものではありません。聖徳太子を否定的に捕える歴史学者の意図はわかりませんが、考古学的視点から歴史が相次いで修正されている事を考えれば、やがて真実が明らかになると思います。

　２月２２日は聖徳太子の祥月命日です。そして翌日の２３日は今上陛下のお誕生日です。お名前の徳仁の徳は、聖徳の徳。仁は五常の仁で五行の木に当たるので、春を主り、生命の誕生を主り、守護神が青龍です。ニュージーランドの先住民ワイタハ族の長老が来日した際に「自分達は銀龍の子孫であり、日本人は金龍の子孫で世界をリードする使命を有している」と話されていました。両方とも聖徳太子に縁の深い字です。

　謹みて忠誠院護国日一善男子の霊位に心より菩提増進奉ります。

平野肇二　敬白

　令和五年二月二十一日（故平野忠一・祥月命日）

目　次

序分

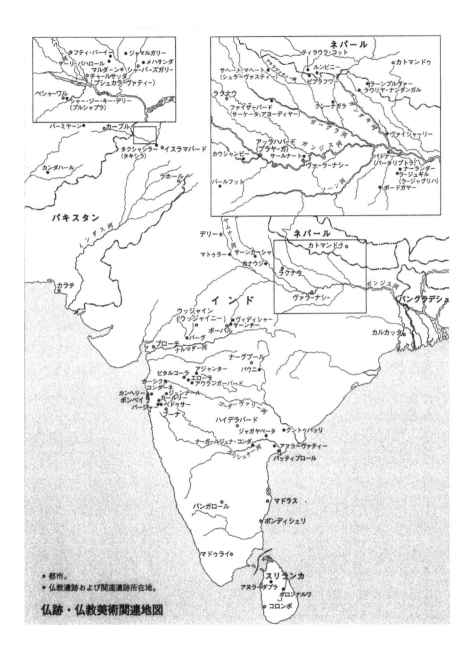

仏跡・仏教美術関連地図

一、十干・十二支

（1）干支の誕生

　干支の根底になる陰陽思想の起源はとても古く、周の後半・春秋戦国時代で、紀元前五百年から六百年の頃というのが通説です。「諸子百家」といって孔子・老子・孟子等が出た時代です。しかも十干・十二支を組み合わせた干支の起源は更に古く、殷の甲骨文字にも見られます。

　この陰陽思想は宗教や哲学とも違い天然・自然と向き合い、人の有り様・社会の有り様・世界の有り様を説いたもののように思います。

　十干・十二支の干支は天地を重視した陰陽思想を根底に置きながらその天地の間で人はどの様に過ごしているか、それを表したのが十干です。十二支は夜空に輝く星の動きを表しています。殷王朝は木星が太陽のまわりを公転する周期が12年であることを知っていました。ギリシャ神話にも木星の公転周期が12年であるので歳星として捉え、最高神ゼウスの星とされ、ローマでは最高神ユピテルの星として英語でジュピターと名づけられました。中国でも五行の気の精の星で、12年で天空を一回りするので歳星と呼ばれました。従って地球から木星をみて北にあった木星が3年たつと東に移り、6年たつと南に移り，9年たつと西に移り、12年たつとまた元の北に戻るので、木星をみて方位を決めることができました。それで１２に区分してその一つ一つに名をつけた、それが12支です。そして12支のどこに歳星が来るかによって割り当てられた地域や国々の命運が占われたのです。この陰陽・十干・十二支の３つを組み合わせて６０通りの干支を作りあげ年を数え、月を数え、日を数えるようになります。そして万物形成の五気である木・火・土・金・水という五行が加わって干支陰陽五行説が生まれたのです。

（2）五行の登場

　五行とは天に流れている五気を人が地においてこれを行用することで

す。即ち天地人に存在する全てのものをこの五つに分類して、その各々を対比・対立して違いを明確にした上で相互の立場を認め、或いは転換して相互の循環をはかり、最終的に円融一体のものとしてとらえます。

○ 木は東方を主り、春を主り、生命の誕生を主り。青が象徴色で守護神が青龍。

○ 火は南方を主り、夏を主り、生命の繁栄を主り、赤が象徴色で守護神が朱雀。

○ 金は西方を主り、秋を主り、生命の老いを主り、白が象徴色で守護神が白虎。

○ 水は北方を主り、冬を主り、生命の死を主り、黒が象徴色で守護神が玄武。

○ 土は中央を主り、立春・立夏・立秋・立冬を主り、黄が象徴色。

　この五行の登場が陰陽思想に広さと深さをもたらしたと思います。天文、暦、時刻、農業、医学、特に漢方医学の色体表には、６８にも及ぶ事柄が五行にあてはめられています。日本では更に祭り、能、神楽、歌舞伎、華道、茶道、相撲、冠婚葬祭、年中行事、日々の吉凶を占うのにも使われるようになってゆきます。

（３）暦・時刻・方位への転用

　十干の甲・乙・丙・丁・戊・己・庚・辛・壬・癸の音読みは、こう・おつ（いつ）・へい・てい・ぼ・き・こう・しん・じん・き、ですが、訓読みは、きのえ・きのと・ひのえ・ひのと・つちのえ・つちのと・かのえ・かのと・みずのえ・みずのと、です。「え」と「と」は陽と陰を表しています。年下のものから年上の者を兄上・姉上と呼び、年上の者から年下の者を弟・妹と呼ぶ所からきているのではないかと思います。それで木の陽は「きのえ」と呼び甲に当てた。陰は「きのと」と呼び乙に当てた。火の陽は「ひのえ」と呼び丙に当てた。陰は「ひのと」と呼び丁に当てた。土の陽は「つちのえ」と呼び戊に当てた。陰は「つちのと」と呼び己に当てた。金の陽は「かのえ」と呼び庚に当てた。陰は「かのと」と呼び辛に当てた。水の陽は「みずのえ」と呼び壬に当てた。陰は「みずのと」と呼び癸に当てた。

　次に十二支の子・丑・寅・卯・辰・巳・午・未・申・酉・戌・亥の音読みは、し・ちゅう・いん・ぼう・しん・し・ご・び・しん・ゆう・じゅつ・がい、ですが、訓読みは、ね・うし・とら・う・たつ・み・うま・ひつじ・さる・とり・いぬ・い、です。そして子・寅・辰・午・申・戌を陽の六支に分け、丑・卯・巳・未・酉・亥を陰の六支に分け、陽の五干と陽の六支を掛け合わせて３０、陰の五干と陰の六支を掛け合わせて３０、両方合わせて６０干支として年・月・日を数えるのに利用しました。６０年でこの組み合わせは一巡するので６０年を還暦とよびます。

六十干支表

甲子（こうし）	乙丑（いっちゅう）	丙寅（へいいん）	丁卯（ていぼう）	戊辰（ぼしん）	己巳（きし）	庚午（こうご）	辛未（しんび）	壬申（じんしん）	癸酉（きゆう）
甲戌（こうじゅつ）	乙亥（いつがい）	丙子（へいし）	丁丑（ていちゅう）	戊寅（ぼいん）	己卯（きぼう）	庚辰（こうしん）	辛巳（しんし）	壬午（じんご）	癸未（きび）
甲申（こうしん）	乙酉（いつゆう）	丙戌（へいじゅつ）	丁亥（ていがい）	戊子（ぼし）	己丑（きちゅう）	庚寅（こういん）	辛卯（しんぼう）	壬辰（じんしん）	癸巳（きし）
甲午（こうご）	乙未（いつび）	丙申（へいしん）	丁酉（ていゆう）	戊戌（ぼじゅつ）	己亥（きがい）	庚子（こうし）	辛丑（しんちゅう）	壬寅（じんいん）	癸卯（きぼう）
甲辰（こうしん）	乙巳（いっし）	丙午（へいご）	丁未（ていび）	戊申（ぼしん）	己酉（きゆう）	庚戌（こうじゅつ）	辛亥（しんがい）	壬子（じんし）	癸丑（きちゅう）
甲寅（こういん）	乙卯（いつぼう）	丙辰（へいしん）	丁巳（ていし）	戊午（ぼご）	己未（きび）	庚申（こうしん）	辛酉（しんゆう）	壬戌（じんじゅつ）	癸亥（きがい）

　六十干支は西暦年数と規則性を有しています。まず十干は西暦の末尾の数字と連動しています。

0	1	2	3	4	5	6	7	8	9
庚	辛	壬	癸	甲	乙	丙	丁	戊	己

　次に十二支は西暦を１２で割った時の余りの数と連動しています。

0	1	2	3	4	5	6	7	8	9	10	11
申	酉	戌	亥	子	丑	寅	卯	辰	巳	午	未

　例えば壬申の乱は６７２年、末尾が２なので十干は壬。６７２を１２で割った余りが０なので十二支は申。「みずのえ・さる」の年で壬申となり

ます。私は１９５５年生まれ、末尾が５なので十干は乙。１９５５を１２で割った余りが１１なので十二支は未。従って私の干支は乙未<ruby>（きのとひつじ）</ruby>となります。こうして六十干支を利用する事により正確に年数・日数・歴史を捉えることができるかと思います。

　次に十二支を月名に当てはめた時に正月をどこにするか？

　まず子が正月になりそうだけど、立春と離れすぎます。古代国家「夏」の時に立春に近い頃を正月にしました。その慣例を漢以降の国も採用したため寅とされています（旧暦）。次に１０干と５行の組み合わせで土用の月は戊と己に当たるので、３月は戊、６月は己、９月は戊、１２月は己となるのです。

月数	1	2	3	4	5	6	7	8	9	10	1 1	1 2
12支	寅	卯	辰	巳	午	未	申	酉	戌	亥	子	丑
10干	甲	乙	戊	丁	丙	己	庚	辛	戊	癸	壬	己
四季	春	春	立夏	夏	夏	立秋	秋	秋	立冬	冬	冬	立春
5行	木	木	土用	火	火	土用	金	金	土用	水	水	土用
和名	睦月	如月	弥生	卯月	皐月	水月	文月	葉月	長月	神月	霜月	師走

　（６月を水無月と称する事もありますが、無は「なし」という意味ではなく助詞の「の」という意味であす。10月の神月も同じですが、新酒を醸す月なので「醸成・かみなん月」と呼ぶ所もあります）

	立夏	立秋	立冬	立春
陽暦	５／５	８／７	１１／７	２／４
陰暦	３／２～２０	６／１１～２９	９／１２～３０	１２／５～２３

　立春・立夏・立秋・立冬の前18日間は土用と呼ばれ、土の変化や働きを表しています。今でも土用の丑の日（陽暦の７月20日頃）に鰻を食べる習慣が残っています。

　陰暦は月の満ち欠けによって一年を12か月に分けます。そして大の月（30日）と小の月（29日）を繰り返して月日を決めていました。しかしこれでは１年は３５４日となり地球の公転日数（３６５日）と合わなくなります。それで２・３年に一度「閏月<ruby>（うるう）</ruby>」を設け一年を13か月とします（後に19年に７度となる）が、するとこれでは月日が太陽の動きと無関係に

決められているので、月日と四季が合わなくなります。それで月日とは別
の方法を編み出したのです。

　地球上から太陽を見たときに、実際は太陽の回りを地球が公転していま
すが、天球上を毎日１度ずつ動いているように見えます。そして３６５日
で天球を１周します。この天球上の太陽の動く道が黄道です。この黄道が
天の赤道（地球の赤道を天球上に延長した時に天球上に表される道筋）と
２箇所で交差します。交差角度は２３．４度（地球の自転軸の傾き）です。
交差する２箇所とは、春分と秋分です。太陽が春分上にある時、地球と春
分点の角度（黄経）は０度、秋分上にある時の黄経は１８０度です。

	春分	立夏	夏至	立秋	秋分	立冬	冬至	立春
黄経	０度	４５度	９０度	１３５度	１８０度	２２５度	２７０度	３１５度
南中高度	５５度	７１度	７８度	７１度	５５度	３８度	３１度	３８度
陽暦	３／２１	５／５	６／２２	８／７	９／２３	１１／７	１２／２２	２／４

　このように４立と２分２至の月日はほぼ決まっています。これらの月日
を変えずに閏月を入れることにより陰暦の欠点を補う。それが２４節気で
す。これは太陽黄経を１５度ごとに分け、ひと月に節気と中気の２節気を
設けて一年を２４節気に分けるものです。一節気は１５日なので２４節気
で３６０日になります。しかしこれでも地球の公転日数３６５日に５日余
り足りません。従って３年経つと１５日少なくなって中気分の日数が無く
なってしまいます。つまり中気を含まない月ができてしまいます。それで
その次の月を閏月として１年を１３ヶ月にします。

　このように太陰暦を基本に置きながら太陽の公転に合わせて２４節気・
閏月を用いながら太陰暦の欠点を補った太陰太陽暦が考え出されました。
日本ではこうした中国伝来の暦術を参考にしながら、２４節気よりも更に
細かく区分された、７２候を日本風にアレンジした名称を付けて季節感を
表そうとしました。月の和名もその姿勢が伺われます。

　明治５年11月９日に「明治５年12月３日をもって明治６年１月１日と
する」旨の太政官布達が発表されます。これによって急遽太陰太陽暦から
太陽暦への切替が行われたのです。早晩西洋歴を導入することは歴史の必
然ですが、やり方があまりに姑息です。実は明治４年から役人の俸給が年

俸制から月給制に替えられたのですが、明治6年は6月に閏月が配置されるため13ヶ月分の俸給が必要になります。それで財政難の政府は明治5年の内に改暦出来れば12月は3日しかないので12月分はカットする、明治6年は12ヶ月分支払えば良いので以前と比べれば2ヶ月分の俸給をカットできる。改暦のしわ寄せが役人に集中した形をもって事を収めようとしたのですが、御用聞きがやって来て月末につけ払いする、当時の商習慣を考えれば相当の混乱を招いたと思われます。それに太陰太陽暦を日本の風土に合わせるべく尽力した人々の努力が無になってしまいます。しかも暦注を「妄誕無稽」として切り捨て、公には旧暦の使用を禁止するのです。妄誕無稽とは、「でたらめで根拠のない事」を意味します。暦注とは、「干支・朔望・潮汐・24節気・28宿・9星・6輝（大安・仏滅・先勝・先負・友引・赤口）等」の事で当時の人々にとってはなくてはならぬものです。また同じ明治5年に時刻が不定時法から定時法に改められました。定時法の時計は主に大名や豪商が持っており、一般の民衆は不定事法で暮らしていました。両方とも刻名は十二支を用いています。

　定時法では、変動する日の出・日没の時刻を無視して、一日は二時間を一刻とする十二刻に区分され時刻の表記には十二支を配当します。

時刻	子	丑	寅	卯	辰	巳	午	未	申	酉	戌	亥
時間	23～1時	1～3時	3～5時	5～7時	7～9時	9～11時	11～13時	13～15時	15～17時	17～19時	19～21時	21～23時

　季節によって変わる南中高度と昼・夜の時間の長さ。

二分二至・四立	春分・秋分	立夏・立秋	夏至	立冬・立春	冬至
南中高度	55度	71.3度	78.4度	38.7度	31.6度
昼の時間	12時間	14時間	15時間	10時間	9時間
夜の時間	12時間	10時間	9時間	14時間	15時間
昼の一刻時間	2時間	2.33時間	2.5時間	1.66時間	1.32時間
夜の一刻時間	2時間	1.66時間	1.32時間	2.33時間	2.5時間

　不定時法では季節によって昼夜の長さが異なってしまうためそれに連動して一刻の長さも異なってしまいます。時計を持たない庶民は、日の出と日の入りを基準に「明け六つ」から「暮れ六つ」を昼、「暮れ六つ」から「明け六つ」を夜、昼の正午を「昼の九つ」、夜の深夜を「夜の九つ」と呼ん

だのです。昼の正午と夜の子の刻を結んだ線を子午線といいますが、子も午も陽に当たり陽の極大数は九なので「九つ」とよびます。ちなみに奇数は陽、偶数は陰、今も九月九日は重陽の節句として祝われています。

　従来から一日は、日の出から始まって次の日の出の前で終わるとされていました。

　日の出が明け六ツ・正午が九ツ・日の入りが暮れ六ツ・深夜が九ツ、そしてまた日の出が明け六ツ。日の出と日の

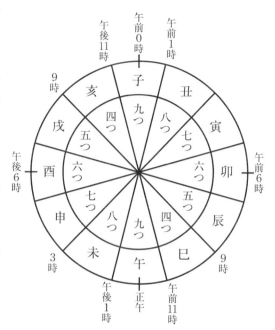

入りを六ツに割り振ったのは、三ツ戻っても三ツ進んでも九ツとなるように仕組んだからではないかと思います。当時はお寺で鐘をついて人々に時を伝えていました。昔から寺では「六時礼讃」といって日の出から日の入りを六等分する風習があって、「時香盤」という線香時計を使って、だいたいのその日の一刻の長さを決めていました。これによって鐘を打つタイミングを決めていたのだと思います。この方法は江戸の吉原でも取り入れられ、遊戯時間をこれによって測っていたので、遊戯代を線香代と呼んでいたそうです。ちなみに宮廷では一刻ごとに鐘が突かれ、半刻ごとに太鼓が打たれていたそうです。

　落語に「時そば」という話があります。

　当時「二八そば」と言って１６文の蕎麦を、ある男が九ツの鐘が打たれる頃に食べる。食べ終わり代金を払うときに、亭主に手を出させて「ヒ・フ・ミ・ヨ・イツ・ム・ナナ・ヤ」と数えている時に「ボーン」と寺の鐘が鳴る、亭主に「今何時だ」と尋ねると亭主が「九ツで」と答える、男はすかさず１０から１６まで数えて支払いを済ませる。それを横で見ていた与太

郎が「一文ごまかした」と見抜いた。それで与太郎まねをする。与太郎は蕎麦を食べ終わり亭主に手を出させて「ヒ・フ・ミ・ヨ・イツ・ム・ナナ・ヤ」・「ボーン」と寺の鐘がなる。「今何時だ」と尋ねると、亭主は「四ツで」と答える。与太郎は「イツ・ム・ナナ・ヤ・」と四つ重ねて数えて支払い、四文損をする。という話だけれど不定時法の数え方を知らなければこの話は分からない。与太郎が蕎麦を食べたのは「九ツの子の刻」ではなく「四ツの亥の刻」だったのです。見抜いた事を早く試してみたいという与太郎の焦りが伝わって来る名作です。

　一日24時間を１２に分け十二支に当て時刻とし、一年12ヶ月を十二支に当て暦とし、東西南北の天空を１２に分け十二支に当て方位としました。古代殷王朝の時代は方角の基準が木星でしたが、周王朝の時から北極星に変わり12支に割り振られて天空を12分割しています。

方位	北	北北東	北東	東北東	東	東南東	南東	南南東	南	南南西	南西	西南西	西	西北西	北西	北北西
干支	子	丑	艮	寅	卯	辰	巽	巳	午	未	坤	申	酉	戌	乾	亥

　北東の艮は、「うしとら」とも読み、南東の巽は、「たつみ」とも読み、南西の坤は「ひつじさる」とも読み、北西の乾は「いぬい」とも読みます。とくに丑寅の方角を鬼門として注意を喚起しています。鬼というと牛の角をはやし虎のパンツをはいた大男のイメージがありますが、このイメージは鬼門が丑寅の方角にあるところから来ています。

　昭和４７年と４９年に高松塚・キトラ両古墳から四神の壁画と天上に精緻に描かれた天文図が発見されました。埋葬されたのは天武天皇の皇子ではないかと言われています。四神は東西南北を守る聖獣です。

方位と四神の相関表

方位	東	西	南	北
四神	青龍	白虎	朱雀	玄武
相応地	河川	街道	池	台地
京都	賀茂川	山陰道	巨椋（おぐら）池	船岡山
江戸	隅田・荒川・中川	東海道	江戸湾	大宮台地
代替樹	柳	梅	桐	槐（えんじゅ）

　陰陽師安倍晴明の書物に四神相応の地が求められないときは代替樹を植えることを勧めています。

　柳は河川の土手や堀などの水辺によく植えられているから。梅は虎の住処だから。桐は鳳凰が巣をつくる木だから。槐は実が石鹸となり、花は止血剤となり、果肉は痔薬となり、山のシンボルだから。代替樹には木の本数まで指定されていますが、それは五行配当によるのだと思います。

　鬼門封じのため京都では北東に比叡山延暦寺を、江戸では東叡山寛永寺を建立しています。また鬼門の方角の江戸城の堀には柳が植えられ、その付近を柳原と呼び古着屋が多かったそうで、その理由は着物を江戸弁で「キモン」と発音し、鬼門で着物を売れば繁盛するというゴロ合わせのようです。

（4）医術への転用

　東洋医学の根本思想は陰陽思想であり、その相対的認識法が基礎概念になっています。相対論は一つの現象を相対する二つの側面から観察する事によって、その現象をより正確に捉えようとする方法論です。西洋医学のように一つの現象をより科学的に専門的に追求するのではなく、他との相関性をより重視する立場をとります。東洋医学では病気を見つけ、病名をつけて病人を治すのではなく、病人にならぬよう未病（病気に未だ至っていない状態）を大切にします。健康を損なわぬよう心身共にバランスのとれた生活・食習慣・働き方ひいては人生観に至るまで、それらすべての事柄が互いに相関性を持っているのが人なのです。病人だけを見るのでは人は健康になれません。

　陰陽思想では、宇宙ができる初めに太極があり、その太極が陰陽に分かれ、そのそれぞれがまた陰陽に分かれ、もう一度それを繰り返して全部で六通りの陰陽を生み出します。陽が３つあるのが陽明・陽が２つで陰が１つあるのが太陽・陽が１つで陰が２つあるのが少陽、そして陰が３つあるのが厥陰・陰が２つで陽が１つあるのが太陰・陰が１つで陽が２つあるのが少陰、このそれぞれの３陽・３陰は「気」と呼ばれるエネルギーを持っています。このエネルギーはニュウトリノのように目に見えることもなく、

あらゆるものを突き抜け、これなくしては、元素それ自体が発生しないような大きな力を持っています。陽の気は人が万歳をした時に手先から又頭から体に入り、目指す臓腑を纏い足から抜け出て行く。陰の気は足先から体に入り目指す臓腑を纏い、手先から天空へ抜けて行く。

陽明の気—手先から大腸へ（手之陽明大腸経）・前頭から胃そして足へ（足之陽明胃経）
太陰の気—足先から脾臓へ（足之太陰脾経）・更に肺臓を纏って手先へ（手之太陰肺経）
太陽の気—手先から小腸へ（手之太陽小腸経）・後頭から膀胱そして足へ（足之太陽膀胱経）
少陰の気—足先から腎臓へ（足之少陰腎経）・更に心臓を纏って手先へ（手之少陰心経）
少陽の気—手先から三焦へ（手之少陽三焦経）・側頭から胆嚢そして足へ（足之少陽胆経）
厥陰の気—足先から肝臓へ（足之厥陰肝経）・更に心包を纏って手先へ（手之厥陰心包経）

　まさに生命は気という天地のエネルギーを頂いて存在しているのです。しかもこれら6つの気が目指し纏っている臓腑は、西洋医学で使われている用語とは違い、虚実を表したものとして捉えています。虚とは空間を有したウツロな状態の器官であり、実とは中身の詰まった充実しているコンパクトな状態の器官です。従って大腸・胃・小腸・膀胱・胆嚢・三焦は虚の器官、脾臓・肺臓・腎臓・心臓・肝臓・心包は実の器官となります。虚の器官は陽の気が主り、実の器官は陰の気が主る。三焦とは血液を運ぶ血管や女性の子宮ではないかと思います。心包とは神経や内分泌腺・外分泌腺・男性の精巣ではないかと思います。また虚実は色即是空の概念とも通じているのかもしれません。東洋医学の臓腑は実際の器官を指しているのではなく、その機能を働かせる源として捉えていることをわきまえておかなければよく理解することはできません。

　陽明の気は、外からの取り入れた食物を胃によって消化し、大腸では腸内細菌が安心して暮らせる環境を作る。

　太陰の気は、大気から取り入れた酸素を体中に運ぶのに必要な赤血球を胎生期では脾臓で作らせ、生まれてからは寿命が来た赤血球（120日）を脾臓で破壊・再利用させる。又酸素と二酸化炭素のガス交換を肺によって行わせる。

　太陽の気は、消化された飲食物（水穀）を小腸によって、清いもの（栄）と濁ったもの（衛）に分け、清いもの（栄養分）は、総面積200平方メー

トルに及ぶ粘膜によって速やかに消化吸収させる。濁ったものは大腸に運ばれ腸内細菌の餌となる。また膀胱経は、脳を巡って背骨の両側から膀胱を纏って足へ抜けるので中枢神経系を介して体の老廃物を運ぶエネルギーでもあります。

　小腸は、十二指腸（長さ 25 〜 30㎝）・空腸（長さ 240㎝・太さ 27㎝）・回腸（長さ 360㎝・太さ 25㎝）と続き、大腸へつながります。空腸という名は、解剖時に空虚であったため付けられたそうですが、空虚であることがとても重要な事だと思います。私は 5 年ほど前から一日 2 食にしています。すると便通の状態がとても良くなりました。この空虚な状態が、腸の蠕動運動をとても活発にするようです。

　少陰の気は、腎臓によって衛の血を清めると同時に血液の酸素濃度をコントロールさせています。又骨髄の造血作用も主どっているので津液（リンパ液）の調節も行っています。リンパとはラテン語で森の妖精の事で、日本では明治になって淋巴の字があてられました。心臓のようなポンプがなくとも一方向に巡りながら各リンパ節に注がれ流れます。そのリンパ節で老廃物や細菌を濾過させます。リンパ液は小腸で吸収された脂肪を運んだり、細胞間質に残った間質液を静脈に戻したりしています。リンパ球自体は骨髄で、幼少期は胸椎でも作られますが細菌に感染すると免疫（異物に対する抵抗力）の働きをします。又「腎虚」というと精力減退をイメージしますが、腎虚になると酸素濃度の調節がうまくいかず男性の性的能力が衰えてしまいます。

　五行で「火」に当たる臓腑は「心臓」と「小腸」です。共に熱源となるので癌に罹ることがほとんどありません。「腹が立つ」「腹黒い」「腹を割る」「腹が座る」「腹を据える」「腹に据えかねる」といった具合に心の状態を腹を使って表現します。心臓と小腸は「こころ」と密接な関係を持ち、「こころ」を統括しているのが少陰の気だと思います。

　五行で「木」に当たる臓腑は「肝臓」と「胆囊」です、肝心 (かんじん)要 (かなめ)・胆力という具合に共に生きる根源力であり「若さ」に通じます。特に肝臓は「沈黙の臓器」と言われるぐらい症状を出しません。働きは代謝・解毒・栄養素の貯蔵・胆汁の生成です。胆囊は胆汁の貯蔵タンクで一

日約１０００ml生成されます。なぜこんなに大量に生成されるかというと腸内循環して排泄と再吸収を繰り返しているからです。従って油こい食べ物を摂ると胆汁が多めに出て消化吸収を助けるのです。

厥陰の気は、肝臓を目指し、足先から上り、更に心包を纏って手先から抜けていきます。

少陽の気は、側頭部から入って胆嚢を目指し、手先から入ってきた三焦経と一緒になって足先から抜ける。

足腰を鍛える上で厥陰の気と少陽の気は、まさに肝胆相照らす関係です。剣道・柔道はいうに及ばずスポーツを行う事は、これらのエネルギーを高め「若さ」を保ちます。少陽三焦経・厥陰心包経も血管系・神経系ととらえれば、運動に深くつながります。

「現代に息づく陰陽五行」（稲田義行著）には「実は、東洋医学ほど端的に陰陽五行の理にもとづき、端的に陰陽五行の理を取り入れ、端的にこれを実践する学問はない。東洋医学では、人間を自然の一部ととらえるとともに、自然の一部である人間の体も、自然と同じ構造を持つと捉える。」と書かれていますが、三陰・三陽の気（エネルギー）を頂いて我々は存在している事を改めて感じます。

陰陽五行を基礎に置く鍼灸術の由来について興味ある記載があります。「古代インドにおいて、鍼灸術と類似の療法があったという記録がある。釈迦と同時代の名医である耆婆（ぎば）が生れながらに鍼と薬嚢（やくのう）を持っていたと伝えられ、多くの仏典の中に鍼灸の名が散見される事から古代インドにおいて発祥し、中国に伝えられた」とありますが、私は縄文時代にその起源はあるのではないかと思います。

二、陰陽思想の本来の姿と起源

（1）陰陽思想の本来の姿

　陰陽では、積極的・活動的な性質を持つものを陽として、消極的・静穏的な性質を持つものを陰とします。多くの人は陽を好み、陰を嫌います。しかし東洋医学では六臓は陰にあたり、六腑は陽に当てています。どちらかというと大事なものを陰のグループにいれています。

　神と人では、神は陰で人は陽に分けます。夜と昼では、夜は陰で昼は陽に分けます。だからお祭りは夕方の宵祭りからはじまり、夜に神事を行い、昼は人々が感謝の行事を行うのです。

　生と死では、生は陽で死は陰に分けます。男と女では、男は陽で女は陰に分けます。

　生物が死ぬようになったのは、雄と雌が出来たからです。雄と雌が交配して新しい遺伝子を持った赤ちゃんが生まれ、その種は世代交代して存続していきます。生殖能力を失った雄と雌はやがて死にます。生死のサイクルが回ることによって地球は生き物の楽園になったのです。死ぬことはとても大事なことです。もし死ななくなったら遺伝子はどんどん劣化してやがてその種は絶滅します。だから死は陰で、生は陽なのです。死の中でも病死は幸せな死に方です。なぜなら人の死は、病死・事故死・自死・他殺の４通りしかありません。だから病死は幸せな死に方になると思います。

　種の保存の観点からみれば、大事なのは断然雌です。雌は受精した卵子を胎児として育み、生まれた赤ちゃんに母乳を与えて育てます。雄は受精にかかわるだけです。女は陰で、男は陽なのです。陽の男が栄えるには陰の女を大切にしなければならない。女を大事にしない男は衰退してしまいます。

　勝ちと負け、勝ちは陽で負けは陰です。徳川家康は遺訓の中で「勝つことばかり知って、負けること事を知らざれば、害その身にいたる。己をせめて人を責めるな、及ばざるは過ぎたるより勝れり」と言って負けること、

及ばざる事の大切さを教えています。

　レオナルド・ダビンチは、絵画論の中で「同じ白がいくつかあったとして、最も白く輝くのは最も暗い背景の上に乗せたときである。赤が最も赤く燃え立つのは、最も黄色い背景の上に乗せたときである。すべての色は、正反対の色の上に乗せたときもっとも引き立つ」また「影は光より大きな力を持っている。影は物体から完全に光を奪うことができるが、光は影を追い払えない」といっていますが、陰陽二元論の影響を感じます。

　このように陰陽論の本来の目的は、五行のところでも述べた通り、色々なものをまず陰陽に分けてその各々を一旦対比・対立して捉え、そのお互いの違いを明確にした上で互いの立場を認め、或いは転回して相互の循環をはかり、最終的に円融一体のものとして捉えることです。ところが本来の目的より、呪術や占いといった面ばかりが重視され、支那では本来の陰陽思想と称されるものが無い状態となってしまったのです。いや大胆な考察をするならば、陰陽思想は支那から伝わったのではなく、むしろ縄文・弥生時代の日本に於て、本来の陰陽思想は始まったのではないかと思います。それに大きく貢献したのが水田稲作です。

　近年、日本に於て水田稲作の開始年代が、２５００年前から３０００年前と５００年遡りました。朝鮮の水田稲作の開始年代は２６００年より前に遡ることができないそうです。これは、日本の水田稲作のほうが朝鮮より早かったことになります。朝鮮は畑作中心で稲も陸稲で作られていたようです。陸稲は「おかぼ」とも言って収量も少なく品質も劣るもののようです。しかも弥生時代の遺跡から朝鮮半島にはない支那固有の米のＤＮＡが検出されたそうです。では、どのようにして水田稲作は日本に伝わったのか？

　支那に於ては黄河流域が畑作中心で、長江流域が水田稲作中心であったようです。当時の支那は殷王朝から周王朝の時代で、周王朝の迫害を逃れた人々が日本へやって来たのではないか。そして稲作の技術とともに縄文時代の陰陽思想が姿を変えて入ってきたのが「干支陰陽五行思想」。最初は、年や月日を数える助数詞として、また方角を表す方位として、そして農作業を行う暦として実用的に使われるようになったのでは？縄文時代は天然

の産物を狩猟採集するのが主で、人工的に作り出す技術は未だ乏しかった。しかし四季が豊かな日本では、天然物を収穫するだけで事足りていたので、苦労して水田稲作に取り組まなかった。従って当初は積極的に取り入れたというよりは、渡来人たちが作る米がうまかったから、また米は高い繁殖力があり、一株の稲から１６００～１８００粒もの種子を取ることができる。しかも狭い土地に密集して植えることができる。栄養価値も高く、籾の状態で貯蔵すれば長期保存が可能である。という様々な利点がわかるようになるにつれて積極的に取り組むようになってきた。そして米は単なる食物ではなく、神から与えられた植物という扱いに代わってゆき、稲を神にささげる供物として捉えるようになっていったのではないかと思うのです。米という字は、一説には八十八の手間がかかるのでこの字になったといわれますが、水の管理を含めその苦労は並大抵ではない。陰陽論的に考察すると、コメは陽、手間は陰となる。陰を大事にする陰陽論は彼らの意識改革に大きな影響を与えたのだと思います。そして飛躍的に水田稲作は広まってゆき、縄文時代の人口が２７万人であったものが、弥生時代は６０万人、古墳時代は５００万人、江戸時代後期には３０００万人となってゆくのです。

（２）ホモサピエンスはいつ頃日本へやってきたか？

　約１万年続いたと思われる縄文時代に於て、大規模な地震・火山噴火が何度となくあったと思われます。特に７０００年前九州に起こった鬼界カルデラ（現在の鹿児島県硫黄島付近）の大噴火により、壊滅的打撃を受けたであろう縄文人達の中には、地震や火山噴火の少ない朝鮮半島へ渡った者たちもいたと思う。当時は国境という概念はなく、安全に住めるならば簡単に海を渡り移住したのではないかと思います。しかも朝鮮半島に先住民がいなかったとしたらどうでしょうか？実は朝鮮半島には、人類の痕跡が完全に消えてしまった５０００年があるというのです。朝鮮半島の旧石器時代には、握り斧等の打製石器が発見されて人類の活動痕跡が見られるのに、１２０００年前から７０００年前の痕跡が見当たらないのだそうです。５０００年間の人類の痕跡が消えてしまっているのです。つまり原始

朝鮮人は、１２０００年前に絶滅もしくは希少化してしまっていた。そこへ縄文人達がやって来て住み着いた。言語的に見ても朝鮮語と日本語は語順も同じで文法的にも共通点が多い。その証拠に釜山市にある東三洞（トムサムドン）貝塚を中心に九州の縄文土器が、次々と確認されているそうです。また遺伝子的にも縄文人が現代韓国人の祖である可能性が高いそうです。このように朝鮮半島に多くの縄文人が移り住み、水田稲作の技術が逆輸入する形で入ったり、大陸から青銅器・鉄器が入って米の収量も飛躍的に向上し、豊かな土地へと変化していったのではないかと思います。

　そもそも５００万年前アフリカのエチオピアあたりで進化した人類ホモ・エレクトス（直立する人）が世界各地に拡散して、東はジャワ原人、西はネアンデルタール人となりますがそれぞれ絶滅します。そして１５万年前から１０万年前に同じアフリカからホモ・サピエンス（賢い人）が登場し、７万年から１０万年で世界に広まってゆきますが、押さえておかなければならないことに氷河期があります。過去８０万年間の南極の気温の推定値を調べたところ１０万年間隔で氷期と間氷期とが繰り返されている。つまり氷期が約１０万年続き、次に暖かい間氷期が約２万年続き、そしてまた氷期が約１０万年続く。現在地球は第４期氷河期の間氷期にあります。第４期氷河期は、今から１１７００年前に終わっているので１２０００年前はまだ氷期の時代です。ついでにこの氷河期のサイクルはなぜ起きるかですが、セルビアの地球物理学者ミルーティン・ミランコッビチが、地球の公転軌道と自転軸の傾きが原因であることを解明しました。

　アフリカを出発したホモサピエンスが、ユーラシア大陸の東岸に到着したのは、約３万年前から２５０００年前だといわれていますが、その時代日本は氷河期で大陸と陸続きでした。長野県野尻湖遺跡には４８０００年〜３３０００年前の地層からマンモスやナウマン象・オオツノジカといった大型動物の骨が出土しています。また群馬県岩宿遺跡では、関東ローム層の中から約３万年前の打製石器（旧石器時代）が見つかっています。そしてその後北海道から沖縄まで５０００箇所を超える後期旧石器時代の遺跡が発見されました。ということは大型の動物を追って我々ホモサピエンスの祖先たちが日本にやってきたことが明らかになります。群馬県岩宿遺

跡で発見された打製石器は、黒曜石で出来た尖頭器ですが、黒曜石の原産地は二十数か所ほどありますが、質量共に優れているのは、北海道の白滝、本州では長野の和田峠、伊豆の神津島、島根の隠岐島、山口の姫島などです。不思議なのは、長野野辺山の矢出川遺跡や野尻湖遺跡から発見された黒曜石が神津島産であることが判明した事と、神津島の遺跡には旧石器が発見されていないということです。研究者は「神津島は、生活できるだけの食料資源がないので、黒曜石を採取するだけのために何度も来ていたのではないか」と言っています。下田と神津島は５４キロ離れていますから、これは海洋交易をしていたことになります。人類最初の海洋交易は９０００年前の地中海の事例であるという通説が大きく覆る重大な問題です。神津島の他にも、隠岐の島の黒曜石が瀬戸内海の島々の遺跡から発見されたり、北海道白滝の黒曜石がロシア・ハバロフスク近くの遺跡から発見されたり、という具合に旧石器時代から広範囲で海洋交易が行われていた事が明らかになって来ています。

（３）陰陽思想の原点は縄文文化ではないか？

　この黒曜石を利用した年代は、後期旧石器時代から縄文時代までで、氷河期時代の日本でホモサピエンスが日本にやって来たのを午前零時、現代を午後12時とすると、黒曜石が使われていたのは、午前３時から夜中の10時を超える間となるそうです。ちなみに弥生時代は夜中の11時前後30分間くらいです。鉄や銅が使われるまで黒曜石はナイフ・石斧・鏃（やじり）といった目的で途方もない長い間使われ続けてきました。その黒曜石の原産地として長野県長和町（２００５年に長門町と和田村が合併）に星糞峠と呼ばれる所があります。星糞というネーミングは異様な感じを受けます。「星ヶ峯」「星見峠」「星くづ峠」ならともかくも「糞」という字は現代人なら絶対使用しない。なぜ「星の糞」という名称を使い続けてきたのか？それにはそれなりの理由があると思うのです。

　縄文時代は地球の温暖化が進み、多くの氷河が解け出して海面が徐々に上昇し、遂に日本は完全に大陸から切り離されてしまいます。そして青森の三内丸山遺跡は、それまで抱いていた縄文人の生活スタイルを１８０度

変換させました。それまでは狩猟採集のために小人数で遊動生活をしていたと思われていたのですが、大規模集落を形成し、土地を造成して、直径1メートル高さ10メートルの栗の巨木を6本使った大型掘立柱建物跡が発見されたのです。細かく調べてみると、柱は直立ではなく、2度ほど内側に傾いている。土台は砂と粘土を入れて固く締めている。この建物にかかっている荷重は16トンなので、高さ17メートルの柱が立っていた事が分かったのです。現在この地に巨大なタワーが復元されています。またこのタワーの近くには長さ32メートル、幅9.8メートルの楕円形の大型住居跡も発見され、これも復元されています。こういったことから、ここでは狩猟採集ではなく、牧畜や作物の栽培も計画的に行われていた事が分かったのです。更に他の地域との交流も盛んで、黒曜石は北海道の十勝・赤井川・北見の白滝、長野の霧ヶ峰、接着剤のアスファルトは秋田から、ヒスイは新潟の糸魚川から、といった具合です。また円筒土器と同型のものが中国大陸から発見され、船の櫂も発見されているのでその交流は非常に広範囲です。

　春は豊かな海からアサリや貝、スズキやアイナメやタイなどをとり、裏山からはゼンマイ・ワラビ・タラの芽・フキノトウ・ノビル、夏はブリやマグロ、塩づくり、秋はアケビ・サルナシ・ヤマブドウ・クルミ・クリ・トチそして河川に遡上するサケ、冬はイノシシやシカといった具合に地球温暖化と海面上昇により、実に沢山の食材に恵まれている時代と思われます。このように食物に恵まれ、しかも定住していた時代が1万年も続くのです。こう言った時代のホモサピエンスが宗教・思想・哲学を考えないわけがない。飛躍かもしれないが、陰陽思想の発想がこの時代に生まれたのではないかと思うのです。そしてそう思うキーワードが星糞です。糞は大便ですが、大便は人の健康状態を表しているので決して汚いものでも忌まわしいものでもない。黒曜石を星糞と呼んだのは、星が生み出した大便と捉えたからだと思うのです。

　陰陽思想的に考察すると、日を陽とすると月は陰。月を陽とすると星は陰。星を陽とすると星糞（黒曜石）は陰。星糞（金）を陽とすると鏃や石斧は陰。鏃や石斧を陽とすると食材は陰。食材の獲得を陽とすると調理は

陰。調理を陽とすると火は陰。火を陽とすると木は陰。木を陽とすると土は陰。土を陽とすると土器は陰。土器の縄の模様は調理の仕方を伝える手段として使われたのでは？　水没した古代アトランティス文明で結縄文字が使われていたと、プラトン（古代ギリシャの哲学者）が「ティマイオス」「クリティアス」で述べているそうです。土器（火焔土器）を陽とすると水は陰。熱水を陽とすると塩づくりは陰。塩づくりを陽とすると食材の開発（保存・発酵・品種改良・稲作・畑作）は陰。食材の開発を陽とすると仲間の和は陰。仲間の和を陽とすると仲間のために行う事（利他行）は陰。利他行を陽とすると自利行は陰。自利行を陽とすると土偶は陰。土偶は壊された状態で発見されることが多い、それは土偶に身代わりになってもらい、自分の身の安全を願ったのではないか。土偶を陽とすると神（八百万の神々・一神教の神ではない）は陰。本書の最初に陰陽論を説明した際の神は陰。という思想に行き着くのです。こういった思考の対比・転換をする事によって円融一体的に捉える事が陰陽思想だと思います。但しこれらは何の根拠もない私見であることをことわっておきます。陰陽の転回は、こうあるべきというような決まったことではなく自由に転回することは可能であり、それをお互いに尊重することが大切で、そのことこそが何千年も平和を保ってきた、縄文文化の大きな特徴だといえるのではないかと思います。

　東京大学東洋文化研究所の丘山 新 教授は『紀元1世紀前後から世界のさまざまな地域で、人々の心にとても不思議なことが起こってきました。それまで根源的な問題としては、「自分」のことだけを考えていた人々が、そういう自分の周囲にいる、他の人々のことを突然、意識し始めたのです。わたしはそれを「他者の自覚」と呼んでいます。「他者の自覚」とは、「自分」とは明らかに違う、異なった存在、異質の存在である他者と自分が、どこか深いところで「ひとつながりにつながっているようだ」という感覚、それに人々が目覚めたということなのです』と言われています。インドでゴータマ・ブッダが現れるのが紀元前5世紀頃、ギリシャでソクラテス・プラトン・アリストテレスが現れるのが紀元前4世紀頃、支那で孔子をはじめとする諸子百家が現れるのも同じ時期です。この時期は自分と神や仏との絶対的関係が主であったものが、紀元1世紀頃、自分と他者との相対的関

係を意識するようになったのです。丘山教授は更に「紀元１世紀に世界規模で起こった、他者の自覚、他者の発見。それは自分と永遠なるもの、という縦軸だけだった世界に、新たに他者という横軸が加わることで共同存在としての人間の姿が、私達の意識の地平に大きく浮かび上がってきたことの表れなのだ、と言えるでしょう」と言われています。

　一神教の世界では、人は決して神には成れません。しかしブッタの死後（仏滅後）、約５００年後に大乗仏教が現れ、在家の信者も仏になれるという成仏観が説かれます。この大乗経典を作ったのは、菩提サッタバ（悟りを志す者）略して菩薩と呼ばれる人達です。彼らは煩悩を断じて無我の境地に至る修行を否定して、衆生を救済する利他行に重点を置いたのです。そして他を化導すること（化他行）によって煩悩が菩提に代わると主張したのです。今まで自分だけが救われたいと願っていた人が、自分以外の他の人を救いたい、といういわゆる「他者の自覚」を持ったのです。「他者の自覚」を持つ、それは自分が無我の境地になる事です。無我に至るから化他ができるのです。

　紀元１年に現れたキリストは聖書を残し、同じ時期にインドに現れた菩薩達は大乗経典を残し、それを世界に広めました。しかし支那では道教の一部に「他者の自覚」が、垣間見られますが、神仙・呪術に押され、大乗仏教に飲み込まれてしまいます。またキリスト教はその広め方を間違えて多くの文明を滅ぼす片棒を担ぎました。豊臣秀吉や徳川家康はそれに気づきキリスト教を禁止しました。

　文字を持たないと思われている縄文時代の人々が、自分と他者と立場を入れ替える思想、いわゆる陰陽思想を有していたとすると驚きです。しかし文字がないから文明はないと言えるのでしょうか？もしテレパシーが使えたら文字は不要となります。他人の記憶や思考を共有できる能力を獲得していたら、人間だけでなく動物の脳とも交信できていたとすると、ナスカの地上絵はコンドルという鳥が見て記憶したものをテレパシーによって見ることができたのではないか？今も絶対音感を持っている人や、写真のように風景や事柄を記憶できる人もいます。

　私はこの高度な精神文化を持った縄文人の中から紀元前４，５世紀頃に

聖者が現れない訳がない、絶対日本にも聖者が現れたと思います。しかしインドのブッタやギリシャのソクラテス、支那の孔子のような覚道の聖者ではなく、治道の聖者です。そして西暦７１２年に治道の聖者の「歩みの書」として、和文で書かれたのが古事記、西暦７２０年に漢文で書かれたのが日本書紀ではないか？決して単なる歴史書ではないと思います。これについては章を改めて後述します。

　コロナウイルスで世界の人々が苦しむ中、日本では他人の利益を優先する、他人に迷惑をかけないようにするという「利他行」の思想が根付いています。そうであるから「自利行」であるマスクの着用やソーシャルディスタンスが守られていると思います。これは今も縄文人の「自分と他者との立場を入れ替える」という、思想のDNAが残っているからではないでしょうか？

三、日本神話を陰陽思想で読み解く

（1）古事記は陰陽思想によって書かれたのでは？

　古事記の上巻には混沌たる天地悠久の創世記から神話が始まりますが、そこには陰陽思想が隠されています。本書の「医術への転用」の章で述べたように、陰陽思想には宇宙が出来る初めに太極があり、その太極が陰陽に分かれもう一度それを繰り返して全部で六通りの陰陽を生み出す。陽が３つあるのが陽明・陽が２つで陰が１つあるのが太陽・陽が１つで陰が２つあるのが少陽、陰が３つあるのが厥陰・陰が２つで陽が１つあるのが太陰・陰が１つで陽が２つあるのが少陰、そしてこの３陽３陰は「気」と呼ばれるエネルギーを持っている。しかもその気の流れには一定のルールがあります。陽の気は人が万歳した時手先からまた頭から入り、目指す臓腑を纏い、足から抜けてゆく。陰の気は足先から入り、目指す臓腑を纏い、手先から天空へ抜けてゆく。

　神話に於て、まず太極は天之御中主神、陽明の気は高御産日神・神産日神、太陰の気はウマシアシカビヒコジ神・クニノトコタチ神、太陽の気はアマノトコタチ神・トヨクモノ神、少陰の気はウヒジニ神・スヒジニ神―ツノグイ神・イクグイ神、少陽の気はオオトノジ神・オホノベ神―オモダル神・アヤカシコネ神、厥陰の気はイザナギ神・イザナミ神。

　まず、①太極から生れた陽明の気が天から地へ下り、②太陰の気が地から天へ上り、③太陽の気が天から地へ下り、④少陰の気が地から天へ上り、⑤少陽の気が天から地へ下り、⑥厥陰の気が地から天へ上る。

　これらの神々は３つにランク分けされていて、アメノミナカヌシ・タカミムスビ・カミムスビの神々が造化三神、この三神にウマシアシカビヒコジ神とアメノトコタチノ神の２神を加えて別天神の五柱神、独神のクニノトコタチ神とトヨクモノ神それに夫婦神を一つにして７セットの神々を神代七代と呼びます。三柱神・五柱神・神代七代という具合に奇数によって分類されています。これらはいずれも「天・高天原」に関する数です。「地・

中つ国」に関する記述には、イザナギ・イザナミの２柱によりオノコロ島に八尋殿を建て結婚し、二人の子供（ヒルコとアワシマ）を流産。国生みでは大八島や六嶋、出雲神話では八雲・八重垣・八上姫・八岐大蛇・十拳剣など偶数が多く使われています。奇数は天・陽を表し、偶数は地・陰を表す。これは陰陽思想の数区分の原則に則って作られていると思われます。しかしこのように天と地を陰陽の気が上り下りする思考は神話の方が古く、陰陽思想はその影響を受けたと考える方が、筋が通っている気がします。

（２）天照大御神とスサノオノミコト

　イザナギが日向の阿波岐原で清らかな水につかり、禊から生まれた神はワタツミ三神（海の神）とツツノオ三神（住吉三神ともいわれ船乗りの守護神）。そして顔を洗ったとき左目からアマテラス、右目からツクヨミ、鼻からスサノオが生まれる。イザナギは大いに歓喜して「三柱の貴き子を得たり」と申され、アマテラスに玉飾りを与え高天原を治めるように、ツクヨミには夜の世界を治めるように、スサノオには海原を治めるように申し渡します。

　「陰陽思想の本来の姿」の章で述べた如く、陰陽思想では、大事なものを陰のグループにいれています。男は陽・女は陰に分けられますが大事なのは陰・女です。従って陰であるアマテラスに高天原を治めさせることによって、陽である高天原が栄える。しかし陽である男のスサノオは陰の海原を治める事には納得がいかない。

　だからといってイザナギの命令に背いて高天原に攻め上るわけにもいかない。そこで自分は母であるイザナミのいる根の堅洲国へ行くので、その前に姉のアマテラスに暇乞いをしたいと言って高天原にやって来る。山川は悉く揺れ、地響きが鳴り渡り、アマテラスはスサノウが攻め上ってきたと思い、男装して矢を背負い弓を鳴らして「なにゆえ、のぼり来し」と問うと、「暇乞いにやって来た。悪意はない」と答える。「しからばお前の心の清きことを明らかにせよ」と問うと、スサノオは誓約をして子を産むことを提案する。これは占いの一種で、お互いの持ち物を交換して噛み砕き

それを霧状に吐き出すと子が生まれる、スサノオはその子が手弱女ならば自分には悪意がない証しだと主張します。

　まずアマテラスがスサノウの十拳の剣を3段に折り、高天原の井戸の水ですすいで何度も噛み砕いて霧状に噴き出したところ、タキリビ・タキツ・イツキシマの3ヒメミコ（宗像3女神）が生れた。次にスサノオが同じようにアマテラスの勾玉を5回にわたって噛み砕き霧状に噴き出したところ、アメノオシホミミ・アメノホヒ・アマツヒコネ・イクツヒコネ・クマノクスビの五柱の男神が生まれた。アマテラスは「後に生まれし五柱の男子は、我が物實によりて成れり、故に我が子なり。先に生まれし3柱の女子は、汝の物實より成れり故に汝の子なり」と宣言します。この宣言により高天原は陽の男神が継がれることとなります。これは陰陽の「転換の法則」を表していると思います。アメノオシホミミは高天原の主となり、アメノホヒは7か国の造の祖、アマツヒコネは12か国の造の祖とお定めになられました。

　スサノオは自分の主張が認められて有頂天になり、度を越した暴れ方をします。なぜならスサノオは鼻から生まれたとありますから、感情のコントロールが効かないのだと思います。なぜなら鼻は、鼻息が荒いとか悲しいと鼻水を流すとか、とかく感情と繋がりが深いので、自分ではどうすることもできないのではないかと思います。とうとうスサノオは機織り女を死なしてしまいます。それまで一生懸命スサノオをかばっていたアマテラスもどうすることもできず、天岩屋戸に隠れてしまわれます。

（3）天岩宿戸伝説

　スサノウの乱暴狼藉な振る舞いにより高天原は大混乱になり、神衣を織る機織り女まで死んでしまう。それは高天原を平和に治めるように父イザナギより託された思いに反してしまう。なぜスサノウの乱暴を止められなかったのか？

　もし自分の家に親戚と称する者が、やって来て乱暴狼藉に及んだとしたら、あなたは自分の力だけでその者の乱暴を止めることができますか。止めさせるには治安を守るという強大な力が必要です。その強大な力は、社

会のみんなが必要と認めるものでなければならない。平和・平和と唱えているだけでは平和にならない。平和とは、みんなが納得できる理想を共有し、いざという時みんなが一致協力して事に当たる、そういった社会の仕組みがなければ得ることは出来ません。

　果たして高天原には正義を守る仕組みが存在していたのだろうか？　アマテラスの愛の力を盲信して頼りすぎていたのではないか。それを皆にわからせるには、アマテラス自身が身を隠すしか方法がなかったのではないかと思います。アマテラスを失った高天原は、悪しき神々が満ち溢れ災いが続いてしまう。高天原の神々はアマテラスに頼りすぎていた事を反省し、岩屋戸から出ていただくようにみんなの力を結集します。

　この事件を陰陽的に考察すると、不滅は陽に当たり、滅は陰に当たります。不滅を陽たらしめるためには、滅の存在を知ることです。法華経には「仏は常住不滅であるが、方便力をもって滅・不滅を現す」とあります。アマテラスも滅を現ずることにより、不滅のありがたみを伝えようとされたのではないかと思います。

　この神話で３種の神器のうち八咫鏡と八尺瓊勾玉が登場します。勾玉はイザナギより渡されたもの、古来より魂として扱われています。この時はタマノオヤに命じて作らせています。鏡はこの時タカミムスビの子オモイカネに考えさせてイシコリドメに命じて作らせたもので、アマテラスが岩屋戸から出る際に重要な働きをしています。外が騒がしいので岩屋戸から外の様子を見ようと顔を出した所、アメノコヤネとフトタマが岩戸の隙間から鏡を差し入れた、アマテラスは鏡に映った自身の姿を新しい神と勘違いして、もっとしっかり見ようと身を乗り出した。そのとき、アメノタジカラが岩戸を力一杯開けて、アマテラスを引き出した。フトタマはその後ろに回り込み、すばやく注連縄を張り巡らして戻れなくしてしまった。もし鏡がなかったら高天原は闇のままであったと思います。鏡はアマテラスに別の高天原の世界を見せてくれたのだと思います。

　アマテラスが滅を現じてくれたお陰で、アマテラスの存在がどんなに有難い事か高天原の神々は思い知らされた事と思います。そして何か事あるときは、みんなで一致協力して難局を乗り越える、その事をアマテラスに

知らせるために八咫鏡と八尺瓊勾玉をみんなで協力して作り上げ、それを天の香具山の榊に結び付け、舞台が出来上がった所で長鳴き鳥を集めていっせいに鳴かせ、アメノコヤネに祝詞を唱えさせ、アメノウズメに踊らせる。それまでの高天原とは違う高天原になったのではないかと思います。その証拠に秩序が元通りに回復すると、神々はスサノオを厳しく糾弾し、千倉の置き戸（膨大な賠償）を取り立て、髭を切り、手足の爪を抜き高天原から追放したのです。

　スサノオは追放された後、出雲の国へ行くのですが、その前にまた事件を起こしています。出雲へ行く途中腹が減ったので、オホケツヒメの所に立ち寄り何か食べさせてくれるように頼んだ、この女神は食べ物の神なので、早速鼻や口やお尻から食材を出して、手早く料理してスサノオに差し出した。それを見ていたスサノオは汚物を食べさせようとしていると思い殺してしまう。またもスサノオの激しやすい気の短い性格が現れてしまいました。しかし今までとは違ったことが起きた。殺されたオホケツヒメの頭から蚕・目から稲の種・鼻から小豆の種・耳から粟の種・尻から大豆の種・陰部から麦の種が生まれたのです。それらはカミムスヒの神によって五穀の種として地上に下されるのです。陰陽思想では、神は死（陰）を生（陽）に転生する力をもっていると解釈しているのか、イザナミの死によって多くの神が生まれたり、イザナギが息子のカグツチを殺した時もカグツチの身体から多くの神が生まれました。そればかりかカグツチを殺した剣からしたたる血からも、タケミカヅチの神のほか7柱の神が生まれているのです。オホケツヒメの死体から五穀が生まれたのは、スサノオが神として出雲に行くことの布石となっているのではないか？

（4）八岐大蛇（ヤマタノオロチ）退治

　スサノオが降り立った出雲の国では、毎年八岐大蛇が大暴れして、山の神であるオオヤマツミノカミの子テナヅチの娘が7人も食べられ、今は八人めのクシナダヒメしか残っていない。これを聞かされたスサノオは、自分の身分を明かしてこの大蛇を退治する宣言をする。そしてクシナダヒメを妻としてもらい受けたいと申し出て、テナヅチが承諾すると、クシナダ

ヒメを櫛に変えて頭にさしてこの難局に立ち向かう。

　スサノオが八岐大蛇を退治する方法は、権謀術数の知恵を働かせた用意周到な方法で以前と同じ人（神？）とはとても思えない、しかも退治した大蛇の尾からとても優れた剣を手に入れた、そしてその剣をアマテラスに献上する、三種の神器の一つ剣の登場です。

　この剣を献上するまでを陰陽思想の五行相生説で考察すると、「木は火を生じ、火は土（灰）を生じ、土は金（鉱物）を生じ、金は水を生じる（金属は冷えると水滴が付く）」という順になっています。まず八岐大蛇の背中は、スギやヒノキなどの樹木が生い茂っている。これは「木」の状態を表している。目は真っ赤なホオズキの状態で、腹は常に血で赤くただれている。これは「火」の状態を表している。この大蛇をやっつける為に、八回も繰り返し醸造した強い酒を用意して、八重垣を巡らし、門を八つ作り、奥に桟敷を八つ作り、それぞれに壺を八つ用意して酒を満たし、八つの頭を持つ大蛇を待ち構えて退治する。これは「八岐大蛇を土に返す」ことを表している。退治した大蛇の尾より立派な剣を勝ち取る。これは「金」を得たことを表している。そして大蛇の血は斐伊川を赤く染めて流れ下り、勝ち取った剣は斐伊川を上ってアマテラスに献上される。これは「水」の状態を表している。八岐大蛇を退治したスサノオは、出雲の須賀に御殿を作り、クシナダ姫をもとの姿に戻して幸せに暮らすのです。その時歌った歌が日本最初の和歌と言われています。「八雲立つ　出雲八重垣　妻籠（つまごみ）に　八重垣作る　その八重垣を」、尚この時勝ち取った剣は、後に日本武尊のときに草薙剣（クサナギノツルギ）と呼ばれるようになります。日本書紀では天叢雲剣（アメノムラクモノツルギ）となっています。

（5）稲羽（因幡）の素兎（シロウサギ）

　因幡の国にヤガミヒメという美しい女神がいて、出雲の八十神（ヤソガミ）達が求婚しにやって来る。途中サメに皮をはがされたウサギが苦しんでいる。八十神は「海水で体を洗い、風に吹かれていればよくなるよ」と逆に悪くなる事を教えて面白がる。そこへ八十神たちの末の弟のオオナムジが兄たちの荷物を背負ってやって来る。オオナムジは丁寧に良くなる方法を教えてあ

げる。そのお陰でウサギはすっかり良くなり、お礼に「ヤガミヒメはあなたと結ばれる」と予言する。ヤガミヒメは八十神達の求婚を断り「オオナムジ様と結婚する」と宣言する。それを聞いた八十神達はオオナムジを殺してしまう。

　陰陽思想には、五行相生説に対抗する五行相剋説があります。「水は火を消し、火は金を溶かし、金は木を切り、木は土を剋し（土の栄養を吸収する）、土は水を止める」という関係になっています。水の立場はサメと八十神達、火の立場はウサギ、金の立場は八十神達、木の立場はオオナムジとウサギ、土の立場はヤガミヒメとなります。「水は火を消す」なので、サメと八十神達はウサギを懲らしめる。「火は金を溶かす」なので、ウサギは八十神に不利なことをヤガミヒメに伝える。「金は木を切る」なので、八十神達はオオナムジを殺す。「木は土を剋す」なので、オオナムジはヤガミヒメの愛を勝ち取る。そして「土は水を止める」なので、ヤガミヒメは八十神達の求婚を蹴る。

　五行相生説では、木・火・土・金・水は円環しているので丸く書かれますが、五行相剋説は対立しているので水・火・金・木・土で星形に書かれます。つまり相生説は陽を表し、相剋説は陰を表しています。従って八岐大蛇の話は陽を表し、この因幡の素兎の話は、陰を表しているのでオオナムジは死ぬことになるわけです。

（6）オオナムジから大国主命へ

　八十神達は嫉妬からオオナムジを二度殺します。一度目は、伯岐国の赤い猪退治を手伝うように命じられ、オオナムジが山の下で猪を待ち受けていると、赤く焼いた石が転がり落ちてきた。オオナムジはその石に潰されて死んでしまう。それを悲しんだ母が、カミムスヒに助けを求めると、ウムキヒメとキサガイヒメを遣わしてオオナムジに母乳汁を塗って治療する。オオナムジは前にも増して元気になる。

　陰陽思想の五行五子の配当には「木の子は火、火の子は土、土の子は金、金の子は水、水の子は木」とあるので、「火→土→金→水→木」の順にめぐる話になっている。「火」は赤い猪に似せた焼けた石、「土」はオオナム

ジの死、「金」はウムキヒメとキサガイヒメ、「水」は治療に使った母乳汁、「木」は元気に回復したオオナムジ。

　その後オオナムジは再び八十神達に殺される。今度は母が一人で助け出し、オオヤマビコに相談すると、根の堅洲国に居るスサノオの所へ向かうように言われる。八十神達の追撃を、寸での所で逃れて根の堅洲国へ向かう。そこには６代前の先祖スサノオが娘のスセリビヒメと暮らしていた。スサノオが根の堅洲国へ向かうというのは、「親の因果が子に報う」と言われるように、自分の先祖の悪因を償う為ではないか？と解釈してみました。この根の堅洲国は、陰の国で地底の世界です。従って蛇の洞穴、蜂やムカデの洞穴、ネズミの洞穴という具合に気味の悪いもの達が住んでいる。スサノオはオオナムジをそれらの洞穴に入れてしまうが、オオナムジに一目惚れして夫婦の契りまで結んだ、スセリビヒメから渡された領布を３度振るって追い払う事が出来た。スサノオは娘と別れたくないので、オオナムジを殺そうと、野に放った矢を取りに行かせて、その野原に火をつける、野原はあっという間に燃え広がり、オオナムジは火に囲まれてしまう。するとネズミが現れて「内はホラホラ、外はスブスブ」というので、きっとこの下に洞穴があるに違いないと思い、力一杯地面を踏むと洞穴に入り込み難を逃れました。これは、ネズミは根に住むものの事で、陰の世界のものたちが、オオナムジに味方していることを示していると思います。スサノオは陰の世界のみんなが味方しているなら仕方ないと思い、オオナムジを自分の屋敷に招き入れ、頭がかゆいのでシラミをとってくれるように頼みますが、シラミではなくムカデが、うようよしています。スセリビヒメは椋の実と赤土をスサノオに渡し、それを口の中で混ぜ合わして吐き出させました。スサノオはムカデを食い殺していると思い、安心して寝てしまう。椋の実は、害虫を食べる椋鳥から来ているのではないか？

　オオナムジとスセリビヒメの二人は、寝ているスサノオの髪を家の垂木に結び付けて、巨大な岩で戸を塞いで、スセリビヒメはスサノオの持ち物である生太刀・生弓矢それに天詔琴まで持って逃げ出した。途中、天詔琴が樹木に触れて大きな音を立てたので、スサノオが目を覚まして追いかけてきた。髪をほどいたり、岩をどけたりと手間取っているうちに二人は黄

泉比良坂に至り、根の堅洲国から逃げ出すことが出来た。スサノオはオオナムジに向かって「お前の持っている生太刀・生弓矢で兄たちを伏し地上の支配者である大国主の神となって、我が娘を妻として宇迦の山に宮殿を建てよ」と激励する。ここで天詔琴を持ち出さなければ、スサノオに気づかれることはなかったし、激励の言葉を発することもなかったろう。スサノオが高天原で行った乱暴狼藉を子孫のオオナムジが償ってくれた、それにたいする感謝の気持ちと娘に対する親心を天詔琴は、奏でてくれたのかもしれない。無事に地上に帰ってきたオオナムジは、武力の神スサノオから譲られた太刀と弓矢の力で八十神達を打ち払ってしまう。以前、何の抵抗もできない弱虫のオオナムジからの大変身をとげ、大国主の神の誕生となります。

（7）大国主の神の国造り

　八十神達の求婚を断ったヤガミヒメは大国主と結ばれ、子を産むが正室スセリビヒメの嫉妬にあい、その子を木の俣に挟み自分は因幡の国へ帰ってしまう。その後大国主はあっちこっちに求婚の旅に出て有力者の娘と結婚を繰り返し、子供の数も１８０柱に及ぶとあります。西は宗像大社のタキリビメ、そして最後に高志国（因幡の国の北方）のヌナカワヒメと結婚して求婚の旅は終わります。武力で押さえつけるというよりは、婚姻関係を結んで勢力を拡大していったのでしょう。これが本当なら精力絶倫な神様で、縁結びの神様として有名なのも納得がいきます。

　大国主は美保の岬で天羅摩船（つる草のガガイモ実を割った船）に乗り、蛾の皮を剥いで作った服を着た虫のように小さな神がやって来た。名を聞いても答えないので、ヒキガエルに尋ねると「案山子のクエビコが知っているでしょう」というので、案山子に尋ねると「カミムスビの神の子でスクナビコナの神です」というので、カミムスビの神に尋ねると「確かに私の子だ、お前たちは兄弟となって国造りせよ」と命じられる。大国主はこの神と一生懸命国造りに励むのだが、この神は途中で常世の国へ「渡りたまひき」とあるので常世の国へ帰られたと思われる。常世の国とは永久不滅の世界で、常世の虫は常世の神の正体とされている。世界各地には、虫

が妖精や魂の化身とされる話が多い、虫の世界を書いたフアーブル昆虫記に虫の不思議が一杯あるが、作物の成長には虫の存在が欠かせない。このスクナビコナの神も虫の神様なのかもしれない。

　スクナビコナの神が常世の国へ帰ってしまい、途方に暮れる大国主の元に神々しい光とともにやって来た神が、海の中から浮かび上がって「私が居たからこそ、あなたは大きな功績を得ることが出来た」というので、「あなたは誰ですか」と尋ねると、「私はあなたの幸魂・奇魂です」と答える。魂には荒魂と和魂があり、また和魂には幸魂と奇魂がある。荒魂は人に試練を与えてその人を鍛える。幸魂は幸運をもたらし、奇魂は霊感によって奇跡を起こして助ける。オオナムジに試練を与えたスサノオは大国主の荒魂であり、今海から浮かび上がった神は、大国主の和魂であることを悟り、「どこにこれから住みたいですか」と問うと、「大和の国三輪山に住みたい」と答えたので、大国主は大和の三輪山に、オオモノヌシノカミとして社を造りお祭りしたのです。日本最古の神社、大神神社の誕生です。

（8）大国主の国譲り

　大国主を陽とすれば、スクナビコナの神・オオモノヌシの神、婚姻関係を結んだ女神達は陰に当たる。陰を大事にすれば、陽が栄えるのでこれらの神々に対して大国主が行ったことは納得ができる。

　国譲りにはＡとＢ二つの立場がある。Ａ－国を譲る側と譲られる側、Ｂ－国を譲れと攻める側と攻められる側、Ａの立場で考えると、大国主は譲る側であり、高天原は譲られる側。主導権は大国主側にあるので、高天原側は消極的対応しかしない。アメノオシホミミは天の浮橋まで言って地上の世界を覗いて帰って来る。アメノホヒは、大国主にこびへつらって３年間音信不通。アメノワカヒコに至っては、大国主の娘シタテルヒメと結婚して８年間音信不通。Ａの立場を11年間取り続けてきた高天原は、しびれを切らしてＢの立場に立つことを決める。ではなぜＡの立場を11年間取り続けたのか？この立場では、大国主が自主的に国を譲る形となるので、武力を用いず平和的に事が進む。しかしＢの立場は武力を用いることが前提となる。しかも圧倒的に武力の差がなければ成立しない。高天原は11

年間何もしなかったんだろうか？着々と武力をつけていたのではないか。そして使者であるナキメという雉が殺される。大義を得た高天原はアメノワカヒコを殺し、かれの喪屋（お墓）まで粉砕し、最強の武の神、タケミカヅチの神を派遣。大国主に国を譲れと迫る。大国主は判断を二人の息子に任せる。ヤエコトシロヌシの神は「この国は天津神の御子に奉る」と言って身を隠してしまう。タケミナカタの神は、力比べをして負けてしまい、信濃の諏訪湖に逃げ込んで、「この葦原の中つ国は、天津神の御子の命のまにまに奉らむ」と言って諏訪から出ないことを誓う。タケミカヅチの神が大国主に「二人の子は国を譲る事を承諾したが、あなたはどうか？」と尋ねると「私も二人の息子と同じくこの中つ国は献上いたします」と述べて、「唯、私が住むところを天津神の御子が皇位を継ぐ宮殿のように太い宮柱を立て、天にも届くような高々とした千木をそびえさせた立派な宮殿を建ててくれれば、そこに隠れていましょう」と言って国譲りを承諾する。大国主が自主的に国を譲った形になったので、高天原は大国主の立場を尊重して杵築(きづき)の里に高層神殿杵築大社を築いた。日本書紀では、アマテラスが大国主に私心がないのを感激して次男のアメノホヒを大国主に仕えさせた。その子孫が「出雲国造」と称し今日まで８４代続いている千家であると記されています。

（9）天孫降臨

　大国主が自主的に国を譲った形で決着がつき、壮大な出雲大社が建てられ、出雲の民は大国主をお祭りすることが許されました。いよいよ高天原の神々が理想とした世界を、この地上に造るべくアマテラスが最初に降臨するように申し伝えた、アメノオシホミミに再降臨を命じられた。するとアメノオシホミミが「タカミムスビの娘ヨロズハタトヨアキツシヒメと結婚して、アメノホアカリとニニギの二柱が生まれましたので弟のニニギを降臨させたく思います」と申し上げると、アマテラスはそれを承諾された。そしてニニギに「この豊葦原水穂の国は、お前の治(し)らさむ国である。私の命に従って天降りせよ」と告げられて、三種の神器を授けられた。とくに鏡は「この鏡をば専ら我が御魂として、我が前を拝むがごとくいつき奉れ」

と申された。

　さて、降臨の一行はどんな神たちが選ばれたのか？　日本各地のお祭り
で行列の先導役に天狗がいますが、その正体はこの天孫降臨の際に先導
役を務めた猿田彦神です。日本書紀にはその姿を「鼻の長さが７咫（約
２１０㎝）背丈は７尋（約12.6メートル）目はホオズキのような赤い光
をランランと放っている」とあるので、多くの神が恐ろしがって近づこう
としない、それでアメノウズメを遣わして問いただしに行かせた。アメノ
ウズメはお色気作戦で近づき氏素性を聞くと「天孫が降臨されると聞いた
のでお迎えにまかり越しました。私の名は猿田彦大神です」アメノウズメ
は更に「皇孫を何処に案内するおつもりか？」と問うと、「神の子は筑紫
の日向の高千穂の峰に降りられたがよかろうと思います」と答えた。日本
書紀では、高千穂に降臨されたのは猿田彦神の進言によることになってい
ます。猿田彦神に先導された一行は天の磐座を離れ、天の八重雲を押し分
け、筑紫の日向に天降りされた。なぜ筑紫の日向に降臨されたのか？アマ
テラスが生まれた地は、イザナギが黄泉の国から脱出に成功し、筑紫の日
向橘の小門の阿波岐原で禊をして左の目から生まれたとある。そしてアマ
テラスはこの地から高天原に行き、ニニギは高天原からこの地へ降り立っ
た。古事記では、猿田彦大神の進言によって決められたとは書かれていな
い。既に降り立つ地はあらかじめ決まっているかのように書かれています。
その証拠にアメノオシヒノ命とアマツクメノ命の二人が出迎えに来ていま
す。ニニギは「この地は韓国に向かい、笠紗の御前を真っ直ぐに来て通り
て、朝日のたださす国、夕日の日照る国よ、この地ぞ、いと良き地」と宣
言して、この地に宮殿を造られました。

　ニニギの行列は、先頭に猿田彦、介添えにオモイカネ・トヨウケ・タチ
カラヲ・アメノイワトワケ、中心に天孫のニニギと三種の神器、そして五
伴緒アメノコヤネ・フトダマ・アメノウズメ・イシコリドメ・タマノオヤ。
五伴緒とは天岩屋戸の前で行われたアマテラス再生の祭祀儀礼に関わった
神々で、天孫と共に降臨することになったのです。無事に降臨できたお礼
に、ニニギはアメノウズメに「猿田彦大神を彼の国までお送りするように、
そして代々仕えるように」と告げられた。これによりアメノウズメの子孫

は猿田彦の名前を受け継ぎ、一族の女性は猿女の君と呼ばれるようになりました。

　天孫降臨と日向三代（ニニギ・ホオリ・ウガヤフキアエズ）の時代を陰陽思想で読み解くと、太極はアマテラスとアメノオシホミミ。三陽は日向三代。三陰は日向三代の妃（山の神の娘コノハナサクヤヒメ・海の神の娘トヨタマヒメ・その妹タマヨリヒメ）。

陽明（ニニギ）が太陰（コノハナサクヤヒメ）と結ばれ、太陰を大事にするが故に太陽（ホオリ）が生れ
太陽が少陰（トヨタマヒメ）と結ばれ、少陰を大事にするが故に少陽（ウガヤフキアエズ）が生れ
少陽が厥陰（タマヨリヒメ）と結ばれ、厥陰を大事にするが故に陽明（カムヤマトイワレヒコ）が生まれる

　この日向三代で山の神、海の神の協力を得て九州をほぼ平定し、力を蓄えてカムヤマトイワレヒコ、後の神武天皇が東方遠征に向かったのであろう。

四、縄文時代に文字は本当になかったのか？

　縄文時代の遺跡が次々に発見され、科学的究明がなされるようになるにつれ、世界４大文明が始まる前に日本縄文文明と呼ぶにふさわしい文明社会が築かれていた、と確信せざるを得ない状況になってきました。特に考古学に於ては、それまでマルクス主義的唯物史観による不確実な科学に振り回され、日本神話は否定され、古事記・日本書紀に登場する多くの歴史的人物や歴史的事実を消し去ろうとされました。しかし正確な科学的究明が進むにつれて、彼ら歴史学者が消し去ろうとした事柄が、逆に真実であることが証明されるに至っています。過去10年余りの遺跡の発見は、現在の自然科学の発達と相まって考古学に革命的進歩を持たらしました。我々の世代が受けた歴史教育は完全に否定されました。今我々は真実の日本の古代史を学び直す必要があるのだと思います。

　日本の言語学者は、縄文時代には文字はなく、弥生時代になって支那から輸入された漢字を借用したというのが通説です。しかし支那で漢字が出来たとされる、はるか以前に日本には神代文字といわれる独特の文字が多数あった事がわかっているのですが、学会は依然としてこれを認めようとしません。

　近年この神代文字で記されている「ホツマツタヱ」が注目されています。この「ホツマツタヱ」の「ホツマ」とは、日本書紀に「磯輪上秀真（シワカミホツマ）国」と記されており、意味は「海上にある優れて、整い備わっている国、日本の美称」、また明治時代の国学者落合直澄が認めた神代文字で４８字の表音文字と広辞苑に記されています。

　そもそも「ホツマツタヱ」は、１２代景行天皇がオオタタネコに命じたもので、前半の28章（アヤ）は紀元前７世紀に遡り、後半の２０アヤはオオタタネコが続けて記したもので、全編五七調で綴られています。西暦１２７年に完成されたとあるから古事記と比べて５８５年前のものです。この編集にたずさわったオオタタネコは奈良県大三輪町大神大物主神社境

内にオオタタネコ神社が実在しています。「ホツマツタヱ」の特徴は、日本各地の神社の御祭神が、生きた人として浮かび上がってくることです。そしてこれを学んで神社を巡ると、なぜこの神社がここにあるのかよく理解できます。「ホツマツタヱ」に書かれていることがどこまで真実かを争うより、１万語を越える五七調で書かれた叙事詩が、古代ギリシャのホメーロスによる「オデッセイ」より古い時代に書かれたことを誇りに思う事ではないかと思います。

　しかしこの「ホツマツタヱ」で使われている「ヲシテ文字」の驚くべき特徴は、陰陽思想を表現した表意文字であることです。更にヲシテ文字は表音文字であるから言語と密接につながっています。母音は、ア・イ・ウ・エ・オの五段からなり、「ア」は陽明、「イ」は太陽、「ウ」は少陽・少陰、「エ」は太陰、「オ」は厥陰、森羅万象の構成要素である地・水・火・風・空の五大とも対応しています。父音はア・カ・ハ・ナ・マ・タ・ラ・サ・ヤの8行（ア・カ・サ・タ・ナの五十音とは順序が若干違う）、母音の5段の記号と父音の9行の記号を組み合わせて子音が４５音となり、それにワ行の3音（ワ・ン・ヲ）が加わって４８音となります。

　「ホツマツタヱ」ではイザナギ・イザナミの二人が、掛け合いながら歌った「ヲシテ文字」の歌として「アワの歌」が登場します。この歌は、初めの五―七、五―七の２４音を陽体、次の五―七、五―七の２４音を陰体とし、陰陽４８音を重複することなく歌として表現されています。「いろは歌」と同じです。

									陽の極盛
わ	や	さ	ら	た	ま	な	は	か	あ
	ゐ	し	り	ち	み	に	ひ	き	い
ん	ゆ	す	る	つ	む	ぬ	ふ	く	う
	ゑ	せ	れ	て	め	ね	へ	け	え
を	よ	そ	ろ	と	も	の	ほ	こ	お
陰の極盛									

43

「アワの歌」

あかはなま　いきひにみうく　ふぬむえけ　へねめおこほの─男性が歌う
もとろそよ　をてれせゑつる　すゆんちり　しゐたらさやわ─女性が歌う

　国生みの時にイザナギ・イザナミがオノコロ島で結ばれるが、その作法が間違えていたので、二柱（ヒルコ・アワシマ）を産むが流れてしまう。それで作法を正すと次々と立派な島が生まれます。その作法について古事記では、最初にイザナミが柱を右回りして、「あなにやし、えおとこを」（あなたは何といい男でしょう）と呼びかけ、次にイザナギが柱を左回りで「あなにやし、えおとめを」（あなたは何といい女でしょう）と答えて交わったが、うまくいかなかったので、今度はイザナギが左回りで同じセリフで呼びかけ、次にイザナミが右回りで同じセリフで答えた、と記されています。

　この作法について「ホツマツタヱ」では、イザナギが柱を左回りしながら「アワの歌」の男のパーツを歌う、次にイザナミが柱を右回りしながら「アワの歌」の女のパーツを歌うと記されています。そしてこの歌が民に上手く伝わると道が開けたとあります。古事記では、「アワの歌」については何も記されていません。ヲシテ文字の存在を認めない強い意志を感じます。

　言葉は音ですからすぐ消えてしまって残ることはありません。しかし音を文字化できれば、視覚化できるので、多くの人に伝えることが可能となります。自分の発した言葉を再認識できる、抽象的な事も考えるようになり思考が深まります。表音文字は象形文字ができた後に、それを改良して作られると決めつけているので、縄文時代に表音文字は存在しないというのが学会の通説です。しかし優れた民族であれば、言葉という音を文字化しようとする欲求も当然生まれたと思います。陰陽思想を生み出したのが縄文人であるのならヲシテ文字という表音文字を生み出したとしても何ら不思議ではないでしょう。４８音即４８字の組み合わせによって森羅万象を表現し、その自然に神をイメージし豊かな精神文明を築き上げた縄文人。

　漢和辞典でジを引くと「璽」が記されていて、玉製の印を表すとあります。意味として「印・おしで、秦以降は特に天子の印に限って璽を用いる」

また璽書の意味として「天子の印を押した詔勅」とあります。現在でも朝廷の勅書を所蔵した神社は御璽社（オシデシャ）と呼ばれています。「ヲシテ」は広辞苑には記載されていませんが「押手文」が記載されていて、意味は印形が押してある文書とあります。印形とは「ハンコ」のことですが、「ヲシテ文字」による「ホツマツタヱ」は、４８字のハンコを活版印刷の活字を拾うような手法で、布や皮に押しつけて文書を作成したように見えます。イザナギ・イザナミが作った神の文字それが「ヲシテ文字」ではないかと思います。

五、前方後円墳は陰陽思想のシンボルか？

（1）5世紀頃の東アジアの状態

　オシテ文字が縄文時代に作られたとしたら、陰陽思想は縄文時代の文明思想ということになります。そしてその文明思想が花開いたのが古墳時代であり、シンボルとして登場したのが前方後円墳ではないかと推察します。縄文時代後期から晩期の時代は、支那では殷・周の時代に当たります。そしてその時代は陰陽道による易学の発展した時代でもあります。しかし陰陽道の源が縄文時代にあったとすれば、その陰陽道が支那に渡り殷においては甲骨文字の影響を受け、漢字となって易学の発展に寄与したとは考えられないか？そしてその易学が水田稲作とともに日本に輸入される。やがてその稲作が広まった弥生時代は、支那では後漢から魏蜀呉の時代、朝鮮では三韓（馬韓・辰韓・弁韓）時代から三国（高句麗・新羅・百済）時代です。西暦５７年倭奴国王が後漢に入貢し金印を受けたり、２３９年邪馬台国の女王卑弥呼が魏に使いを送ったり、倭の五王が支那に使者を送っている、という具合に支那・朝鮮との外交がかなり頻繁に行われています。そして高句麗の１９代王の好太王（広開土王）の碑には、３９１年倭国軍を撃退したと記されており、当時の日本はかなりの危機感を覚えたと思います。

　邪馬台国の場所について書かれている「魏志倭人伝」によると、日本本土よりかなり南になってしまう。なぜそうなるのか？魏の敵は呉であり呉の背後に同盟国があったら、ものすごく魏にとっては有利になる。それで「親魏倭王」の称号を与えている。この手法は魏の西の敵蜀の背後にあるクシャーナ朝（大月氏国）とも同盟を結び、「親魏大月氏王」の称号を与えています。邪馬台国がどこにあろうが魏にとってはどうでもよい事なのでしょう。自国にとって都合の良い場所にあってほしい、ただそれだけのことではないか？ちなみに野島芳明氏の「日本文化のかたち」には、『魏志倭人伝という書物はない「三国志」六十五巻のうち「巻三十・魏書」倭

人の条で書かれたもので、「東夷伝」は3世紀中頃の日本列島についての記述、あくまでも「魏の国」の正当性を立証する為に書かれたもので、日本歴史学のために書かれたものではない』と言われています。

（2）支那における陰陽思想

　縄文時代の陰陽思想は支那に渡り、神仙説として広まり不老長寿を目的とするようになっていったのではないか。秦の始皇帝は、神仙説に心酔し徐福という方士に命じて、長寿の秘薬を求めさせたと言われています。支那の江蘇州には、今も徐福の子孫が住んでいますし、日本各地にも徐福伝説が存在します。その子孫は「秦（はた）」と称したとあります。その後神仙説は道教となり、北魏の太武帝は熱心な道教信者となり、唐においては老子を道教の祖とし、唐の王室は老子と同じ李姓であったため道教を国教として保護するようになります。戦いに明け暮れていた支那では、本来の陰陽思想は廃れ神仙説や道教へと変説していったと思います。

　以前は支那の民間道教を陰陽道とし、それの日本流入が日本陰陽道であるとする説が有力でしたが、近年支那に陰陽道と称されるものがないことが明白となり、支那・朝鮮における陰陽五行説の波及によって日本に独自形成されたとする説が有力となっています。私は更に踏み込んで陰陽思想の本家である日本は、神道（しんとう）へ発展し神社信仰が国民に浸透していったと考えます。

（3）三種の神器を陰陽思想で読み解く

（イ）三種の神器は、現在どのように扱われているか？

　鏡の本体は伊勢神宮の内宮に祀られ、形代（かたしろ）は皇居の宮中三殿の中央賢所（かしこ）という社殿に祀られています。剣の本体は熱田神宮に祀られ、剣の形代と勾玉（まがたま）の本体は、天皇陛下の寝室の隣りに設けられた剣璽の間に安置され、行幸の際は陛下とともに携行されます。

　宮中三殿は中央に賢所・その西側に皇霊殿・東側に神殿の三つの社殿で構成され、賢所には天照大御神の御霊代である神鏡が祀られ、皇霊殿には神武天皇以来の皇族の霊が祀られ、神殿には八百万（や　およろず）の神々が祀られてい

す。特に賢所には24時間体制で内掌典がお守りして灯明を絶やすことなくともされています。余談ですが、賢所には重量が２００キロもある二つの箱が置かれていて、火災の折にはひと箱を六人がかりで運び出すことになっているとのこと、一つは鏡だがもう一つは勾玉の本体ではないかと思われます。従って剣璽の間に安置されているのは勾玉の形代ではないか？

　宮中祭祀は戦後、新憲法で「政教分離」の原則を採用されたため公務ではなく「天皇の私事」という扱いを受けて、掌典職は天皇の私的使用人という立場になってしまったのです。

（ロ）勾玉について

　三種の神器のうち唯一勾玉だけは本体のまま現在も祀られています。その勾玉はいつ作られたのか？縄文時代の青森県三内丸山遺跡から翡翠の勾玉が出土しています。その翡翠の原石地は、５００キロ離れている新潟県糸魚川の姫川河口でした。そこにある長者ヶ原遺跡から蛇紋岩の石斧と、穴をあけようとした翡翠の大珠が発見されています。一大産地でありながら不思議なことにここでは未完成のものが多数を占め、完成品はほとんど見られません。しかし完成品と思われるものは全国各地に散らばっています。最も大きい大珠は富山県朝日貝塚の出土品で直径４センチ、長さ１５.６センチ。モース硬度で７度という硬さなので加工には高度な技術を有すると思われます。奈良県橿原市の曾我遺跡からは大規模な玉造工房跡が発見され、８５万点もの玉類が出土しています。

　その翡翠は蛇紋岩に抱かれて地上に出てきます。しかも翡翠が蛇紋岩に触れると緑化され、その緑化部に光を当てると光が透過して緑色に発光します。翡翠は「カワセミ」とも読み鳥の名前でもあります。カワセミの体の上面は暗緑青色・背や腰は美しい空色をしている。支那では王の持つべき石として「玉」とよばれ、権威の象徴と捉えられていました。また身に着けた者に五徳（仁・慎・勇・正・智）をもたらし、災いや不幸から身を守る「お守り」として用いられていました。日本では「国の石」でもあります。

　勾玉は人魂のような形をしているが、家紋にも用いられている巴紋の形

がよく知られています。特に「二つ巴」は円の中に一つの勾玉を描くと自動的にもう一つの勾玉が描かれます。これは陰陽道でよく登場する「太極図」ですが、これは陰陽の相即不離の関係を示し、陰陽二つの気が和合・循環している状態を表しています。特に人魂や胎児の姿にも似ていて生死の関係を表しているようでもあります。

　この形はおうし座にあるプレアデス星団で別名六連星（むつらぼし）の形にも似ています。この星々が連なってアクセサリーのようになっているのを「統ばる」と名づけ昴（すばる）の字があてられました。清少納言も「星は昴が一番きれい」と称えています。以前黒曜石を星糞と名付けたように、今回は光を当てると緑色に輝く翡翠を秋から春にかけて輝く昴になぞらえたのではないか？そして夜空に燦然と輝く昴を人の魂の故郷と捉えたのではないか？　陰の世界と陽の世界を行き来するその象徴としての存在それが勾玉ではないか？

　勾玉の正式名称は古事記では、八尺勾玉（やさかのまがたま）。日本書紀では、八坂瓊曲玉（やさかにのまがたま）ですが、瓊とは赤色を指していて石の材質は瑪瑙です。緑の翡翠の勾玉と赤の瑪瑙の曲玉の二つが神器として存在しているのかもしれない。

（ハ）鏡は陰か陽か？

　鏡が祀られている所は、本体は伊勢神宮、形代は宮中三殿の中央にある賢所です。賢所とはどういう意味を持っているのだろうか？賢い所であるから神の知恵を授かる所なのか？それでは神の知恵を授かるにはどうしたらいいのか？人の心にある自分という存在を無くして神の心にお入り頂く、つまり自分という「我」を無くす「無我」になる事が神の知恵を授かるのに必要であるということか？　「かがみ」から「が」をとると「かみ」になります。天皇陛下はよく「無私の人」と言われます。総理大臣が靖国神社参拝の際「私人の立場でお参りしました」と言われますが、陛下には「私人の立場」はない、いつも公人です。だから戸籍も苗字もない。「我」を徹底的に無くした人、それが天皇という立場なのだろう。

　硝子（ガラス）がなかった時代、鏡は銅に錫（すず）を混ぜて融解した青銅から造られました。青銅器は銅と錫を中心に鉛などを混合して高温で溶かして鋳型に流し

込んで作られますが、鋳型から取り出した後研磨することによって金色に光ります。弥生時代に銅鐸・銅剣・銅矛が祭器として用いられていたことは、島根県の加茂岩倉遺跡から３９個の銅鐸が発見され、荒神谷遺跡からは銅剣３５８本・銅鐸６個・銅矛16本発見された事よりあきらかです。特に大型化した銅鐸は、高さ１４４センチ・重量４５キロにもなります（滋賀県野洲町大岩山出土）金色に輝いていたとすれば重要な祭器であったと思います。この銅鐸を造る技術があれば、銅鏡を造ることは十分可能であったと思われます。そして鏡は鏡面と鏡背に別れ、鏡背には図柄や銘文が彫られ、金色に光る鏡面に光を当てると反射して壁面やスクリーンに鏡背の図柄や文様が映し出されます。こういう具合に使われると鏡背の重要性が増してきます。そして鏡面の重要な役目は自分の姿を映し出すことではなく、光を正確に反射することであり、鏡面が陽とすれば、鏡背は陰となる。鏡は陰である鏡背が重要なのであり、それは陰陽思想からすれば当然なことです。

　「魏志倭人伝」に魏の国王から銅鏡１００枚賜ったと記されていますが、なぜ魏王は卑弥呼に１００枚もの銅鏡を与えたのだろう。それは高度な技術で造られた翡翠の勾玉を欲しかったからではないか？　卑弥呼も自分の権威を広げるのに銅鏡を必要としたのだと思う。この時代勾玉は単なる宝石ではなく通貨の役目も果たしていたのではないか？　糸魚川の長者ヶ原遺跡に勾玉の完成品が無いのは、通貨として全国各地にばらまかれたからではないか？銅鏡を手に入れた日本は、銅鐸より神秘的な銅鏡を自ら造り、銅鐸の代わりに祭器として祀ったのではないか？それが日本で一番多く出土している三角縁神獣鏡ではないか？日本人の特性として輸入した製品より高度なものを作り上げてしまう。三角縁神獣鏡は完全に日本で作られたものと思われます。第一支那の遺跡からは１枚も見つかっていないのだから。

（二）剣にまつわる神話

　神話を陰陽思想で読み解いた際、天照大御神と素戔嗚尊が結んだ誓約（うけい）を陰陽思想の「転換の法則」であると説明しましたが、天照大御神が素戔嗚

尊から受け取った十拳剣を５段に折り、口に含み霧状に吹き出して生れたのが宗像三女神。また素戔嗚尊が天照大御神から受け取った勾玉を口に含み霧状に吹き出して生まれたのが五柱の男神。この誓約により陰の天照大御神が差し出した勾玉から陽の男神を生み、陽の素戔嗚尊が差し出した剣から陰の三女神を生んで陰陽の転換が行われたのです。

　つまり勾玉から陽の男神を生むことにより、勾玉には五柱の男神の徳が備わり、支那でいう「翡翠勾玉には五徳が備わっている」という逸話の元になったのではないか？　また剣から陰の宗像三女神が生まれたことにより、素戔嗚尊は自らの潔白を証明しました。そして三女神が生まれたのが宗像であるのは、剣によって守られるべきは、地政学上最も重要な海上の要所である福岡県宗像であることを示しているのではないか？

　八岐大蛇の尾から出てきた天叢雲剣（アメノムラクモノツルギ）が素戔嗚尊から天照大御神に献上されたのは、陰陽思想の「五行相克の法則」であることは以前説明しましたが、この剣は敗者の剣であり陰の剣です。天照大御神が敢えてこの陰の剣を神器にしたのは、陰陽思想の「転換の法則」と「五行相性相克の法則」を満たしているからでしょう。この天叢雲剣は一旦伊勢神宮に祀られますが、第１２代景行天皇より東国の征討を命じられた日本武尊（ヤマトタケル）が、叔母の倭姫（ヤマトヒメ）から授かって東国へ向かい、草薙剣となって現在は熱田神宮に祀られています。

　陽剣である十握の剣が登場する神話の場面を時系列的に見てみると、

①イザナギがカグツチを殺した剣でカグツチの血からタケミカズチが生まれる。

②誓約の時天照大御神が素戔嗚尊から受け取った剣。

③出雲の国譲りで使われた剣。古事記ではアメノトリフネ、日本書紀ではフツヌシの神を主神とし、副神をどちらもタケミカズチとし、タケミカズチが稲佐の浜に突き刺した剣で、大国主の息子であるタケミナカタも成敗している。

④日本書紀では、この剣はフツノミタマ剣と呼ばれ、石上神宮（奈良県天理市）に納められたと記されている。

⑤神武天皇の東征の際熊野で苦戦した時、国津神の高倉下（タカクラジ）が献上した剣。

全軍が回復して勝利を治め、その神恩に感謝して神武天皇は鹿島神宮を創建された。

⑥西暦７０４年鹿島の砂鉄をもって改めて制作されたのが、現在国宝となって鹿島神宮に祀られているフツノミタマの剣である。

（ホ）三種の神器を総括

どの神器も陰を大切にする為に造られた象徴的祭器で、特にこれらをお祀りしている神社は、陰の世界を形であらわしたもの、それが神社信仰なのではないかと思います。

明治以降、神社の祭殿に鏡が祀られるようになりました。「かがみ」から「が」をとると「かみ」になります。この「が」は「我」に通じ、人の心から「自分の我」をとる事によって「神」に通じる。明治天皇の御製に「目に見えぬ神の心に通うこそ人の心の誠なりけり」とあります。

鳥居をくぐり参道を進み、鏡の前に立ち我を捨て神にお入り頂く、その時正しい判断が降りてくるのではないか。赤ちゃんは母親の「子宮」で育ち「産道」を通って母親の「陰部」からこの世に出てきます。

鳥居は「通り入る」から来ているとの説もありますが、女性が両足を開いて踏ん張っている姿にみえなくもない。「鳥居」「参道」そして子宮をあらわしている「鏡」、これらは陰陽思想の「陰」の世界を形に現したものなのではないか？

（４）前方後円墳の形はなぜ生まれたのか？

この形の古墳は日本でしか存在しません。朝鮮でも存在していますが、制作が５世紀後半で日本のものよりかなり新しい。従って日本独自の形であることは間違いない。「５世紀頃の東アジアの状態」の章で述べましたが、鉄器や騎馬を有する高句麗軍の百済侵攻が激しく、倭の応援も困難となり倭自体も何らかの打開策を考えねばならなかった。百済が高句麗に取った方策は城壁を造って都市を守ることであった。高さ１１メートル・幅４３メートルの城壁を造った遺跡が見つかっています。

一方倭は海を隔てているので、城壁を造る発想は生まれず鉄器や馬の量

産に力を入れたと思われます。5世紀から6世紀にかけて群馬県の榛名山が二度大きな噴火を起こし、日本のポンペイと言われているが、火山灰で埋もれた跡から馬の蹄の跡が大量に見つかっており、そこは牧場の跡であることが判明しました。馬が長距離移動するには蹄鉄が欠かせませんが、鉄が日本に伝わったのは弥生時代であり、5世紀から6世紀には「たたら製鉄」が始まっているので、この頃すでに数種類の鉄製品は作られていたと思われます。しかし一部の学者に、日本は騎馬民族に征服されたと主張する方が居るが、もしそうなら古事記や日本書紀に馬に乗った勇壮な王の記述があってしかるべきと思いますが、古事記に馬が登場するのは、スサノオが乱暴狼藉を働いて皮をむいた馬を、機織り小屋に投げ込み機織り女が殺されたところだけです。朝鮮から馬を何とか輸入して、日本人の手で騎馬隊を編成したと考えるのが道理であると思われます。

　それと倭が取ったもう一つの対策、それは支那の魏の力を利用する外交だと思われます。縄文時代の日本から支那に伝わった陰陽思想は、神仙説や道教に変節して発展し、特に銅鏡が儀式に使われ、大量に作られていたと思います。当時の倭（ヤマト）は、その銅鏡を勾玉により多数手に入れ、倭の陰陽道にうまく取り入れたのだと思う。しかも支那製の銅鏡よりも精微な三角縁神獣鏡を作り上げ、鏡背の荘厳さを際立たせる鏡面の輝きを増した銅鏡にした。そしてこれを使って祭祀を行う、その舞台となるのが前方後円墳です。前方後円墳は前が四角の方形で、後ろが丸の円形です。前では人々が祭祀を行い、後ろでは王の遺体を納める棺を埋葬する。つまり前は陽に当たり、後ろは陰に当たります。そしてその姿を葺石を敷き詰めることにより、荘厳な光輝く形にして外国から来た者に見せつける。それによって倭は魏と同じ道教の国であることをアピールする。その結果高句麗は下手に倭に手を出すと魏から攻められるかもしれないと思わせる。大きな前方後円墳を光り輝く荘厳な姿に造ることにより、陰陽道の本家はわが日本であることを示したものと思われます。

（5）なぜ大小様々な前方後円墳を多数築造したのか？

　前方後円墳は箸墓古墳から始まりましたが、箸墓古墳のあるヤマトの墓

は弥生時代の一般的な方形周溝墓です。弥生時代各地の豪族はそれぞれ特徴ある墓の文化を持っていました。出雲には、四隅突出型墳丘墓があり葺石で覆われています。北部九州の平原遺跡には、伊都国の王とみられる小さな墳丘墓から40枚の銅鏡が発見されています。岡山県の吉備の楯築墳丘墓は、丸い墳丘の両端に長方形が突き出ていて、円形の墳丘上から特殊器台という土器が発掘しています。箸墓古墳にもこの特殊器台が発掘されていますが、土の成分は吉備の可能性が高い。以上の点から箸墓古墳は各地の墓の文化を持ち寄って造られたと思われます。

　魏志倭人伝には弥生後期に「倭国乱」の記述があるが、それを証明するものが見つかっていません。ではなぜ「乱」と記載されているのか、当時の気候を調べてみると極めて降水量が多かったことが分かってきました。乱は乱でも困乱の乱で、地震・台風・海や山の津波といった災害に悩まされていたのではないか。災害が少なかったのがヤマトだったのではないか。そのヤマトの都が纏向だったのではないか。纏向の地質調査で山津波があったことが分かってきましたが、逆に当分の間は安全な場所と判断したのではないか。

　纏向遺跡は弥生時代末期、突如として出現した集落遺構で東西２キロ・南北１.５キロに及ぶ。注目を集めたのは日本各地の土器が大量に出土した事。宮殿を思わせる東西１２.４メートル・南北１９.２メートルの総柱建物があり、さらに３棟が東西に一直線上に並んでいる。更に日本にはない紅花やバジルといった支那の花粉も見つかっている。これらの事から纏向はヤマトの都と考えられます。そしてヤマトの王が亡くなり造られたのが箸墓古墳、その形は陰陽道である「天円地方」。神を祀り、王の遺体を埋葬する円形部と人が祭祀を行う方形部を合わせた前方後円墳。日本書紀には、葺石をバケツリレーの様に運んだとか、昼は人が造り夜は神が造ったとか築造の様子を細かく伝えています。航空レーザー測定をすると、木々が生い茂る前の姿が明らかになりました。それは極めて幾何学的に造られ、階段状で左右均等、方形部は４段で円形部は５段の完全な円形、しかも両者は滑らかな曲線でつながり、前方部から少し距離をおいた所から眺めると両者のシルエットが完全に一致して階段状のピラミッドになってし

まう。これを造るには高度な築造技術が必要で技術者集団が必ずいたはずです。

藤井寺市には近鉄「土師ノ里駅」があるが、土師氏とは第１１代垂仁天皇から土師臣姓・１６代仁徳天皇から土師連姓を与えられている。一族で埴輪の作成・陵墓の造営・王の葬送儀礼などを担っていました。またこの近くの道明寺天満宮には巨石を運ぶ修羅と呼ばれる道具が置かれています。またこの一族は天照大御神が、素戔嗚尊との誓約によって生まれた男神の一柱である、アマノホヒの命の子孫で菅原道真もその一族として、道明寺天満宮のほか全国各地の１１神社に祀られています。

航空レーザー測量で明らかとなった姿は驚きです。なぜ現在の技術を持っても造ることは難しい物をどのようにして造ったのか興味は尽きませんが、さらに驚くのは箸墓古墳の２分の１の岡山県茶臼山古墳・６分の１の会津杵が森古墳、さらに箸墓だけでなく宝来山古墳の相似形である宮城県雷神山古墳・大阪中津山古墳と相似形の九州南部の女狭穂塚古墳・奈良行灯山古墳と相似形の東京芝丸山古墳といった具合にかなり相似形にこだわって造っています。この前方後円墳の形を持って大和朝廷と同盟を結んでいることを示したものか？また先祖を同一とすることを示したものか？いずれにしてもその築造技術が、水田用水路や溜池造りや川の築堤といった新田開発に大いに役立ったことは間違いありません。言い換えれば前方後円墳を造ることが稲の収穫量を増やす事につながったといえます。従ってこれは単なる墓造りではなく公共事業であり、宗教的シンボル造りだろうと思います。そして遂に最高規模を誇る大仙古墳が、箸墓古墳から２００年後に築造され、全国各地に４７００基も造られることになりました。これによって大和朝廷は、武力行使する前に多くの同盟国を得、またこれらの国々と縁戚関係を結び、より深い関係を築いたのではないかと思われます。その同盟の証となったのが、前方後円墳で摂り行われる祭祀です。そして同盟を結ばず抵抗する豪族を成敗するために派遣されたのが、第１０代崇神天皇の時の四道将軍であったり、第１２代景行天皇の時の日本武尊の遠征ではなかったか？（古事記では倭建命・日本書紀では日本武尊）

　倭建命の遠征を陰陽思想で読み解くと、伊勢の倭比売から渡された小刀と小袖を陰として、九州熊襲の健と出雲の健を成敗して、倭健命という陽となって帰って来る。しかし休む暇も与えられず東国の平定を命じられる。今度は倭比売から火打石と天叢雲剣を渡たされて、それを陰として出発し尾張を治め（静岡県の焼津神社・草薙神社）陽となる。次に弟橘比売が海を静める為に身投げしたことを陰として上総（横須賀市の走水神社・千葉木更津市の袖ヶ浦・吾妻神社）・常陸・信濃を治めて陽となって尾張の美夜受比売のもとに帰り、天雲剣は草薙剣と改名した。そして伊吹山の神を倒すため出かけるが素手で退治できると思い込み草薙剣を比売のもとに置いたまま出かけた。しかし草薙剣という陰を大切にしなかったため、山の神に負けてしまい当芸野・三重村を経て能煩野で亡くなってしまう。葬儀の途中魂が白鳥となって飛び立ち河内の志幾（羽曳野市）に降りたので、そこに白鳥陵が造られた。ここで何点か疑問があります。

　倭建命は草薙剣をなぜ朝廷にお返ししなかったのか？

　尾張氏が名を改めて熱田神社（明治になって神宮となる）にお祀りしたのはなぜか？

　朝廷も改名を許可し熱田神社に祀ることに反対しなかったのはなぜか？

　天叢雲剣という勇壮な名を、草を薙ぐというひ弱な名前にしたのはなぜか？

　草を刈るには剣ではなく鎌であろう、戦いに使われるのではなく農作業に使われるべきである。草薙とは鎌にふさわしい名だ。倭比売から渡された天叢雲剣は、鹿島神宮か香取神宮に祀られたのではないか？

　尾張氏から渡された草刈りの鎌で倭建命は助かったので、尾張氏はあえてこの鎌に草薙剣の名をつけて熱田神社に祀ったのではないか？

　倭建命は伊吹山に鎌を持っていくわけにはゆかず、山の神に負けてしまったのではないか？

　これらの事を総合的に考察すると、倭建命の東征の目的は、伊勢神宮に祀られていた天叢雲剣を鹿島神宮へ移すことではなかったか？東北大学の名誉教授田中英道氏が「高天原は関東にあった」と主張されておられるが、もしそうであるなら天叢雲剣は、鹿島神宮に祀られるのがあるべき姿なの

かもしれない。この使命を完全に全うした倭建命は、最期に白鳥となって天に飛んで行く英雄として語り継がれるのは当然のことといえよう

（6）装飾古墳は陰陽思想をイメージしたものではないか？

（イ）消された王朝

　記紀では、天照大御神から神武天皇に至るまで六柱の神が登場しますが、その間の年数は不明です。初代神武天皇から１６代仁徳天皇に至る約千年の間に寿命が百歳以上の天皇が11人もいる。最高年齢が１４３歳、１６代に及ぶ天皇の平均寿命が１１１年でとても真実とは思えない。この千年で実際は何人の大王がいたのだろうか？

　神代文字の世界ではウガヤフキアエズ朝が、紀元前千年から紀元三百年の間に存在し、日本全国を支配していたとあります。記紀ではウガヤフキアエズノ命は神武天皇の父に当たりますが、神代文字の世界ではウガヤフキアエズは何代もの王が襲名した名跡のようです。ウガヤフキアエズ朝の始祖は、天照大御神の孫のニニギノ命の兄であるニギハヤヒノ命（記紀ではアメノホアカリノ命）と伝えられていますが、物部氏の始祖とも伝えられています。そして物部氏は蘇我氏に滅ぼされる。滅亡した氏族の系図は当然消されてしまう。もしその系図が神代文字で書かれていたらその文書も文字も消されてしまうだろう。しかし消されずに残っているのが考古学的史跡です。

（ロ）装飾古墳の登場

　九州北部には形は前方後円墳だが石室に絵が描かれている古墳が２００基ほどあり、装飾古墳と呼ばれています。それは、九州だけでなく関東北部から東北南部そして山陰にも見られるが近畿には見られない。それらは現在七百基ほどが確認されています。造られた年代は４世紀から７世紀後半で、しかも前方後円墳が多数造られた時代でもあります。これを造るのに必要不可欠なのが鉄の農具や工具です。その鉄の産出地が朝鮮半島の南部で加耶・金城の当たり、この辺りには前方後円墳も発見されているので日本人も多数住んでいたものと思います。従って鉄の産地の争奪戦が高句

麗や百済・新羅との間に何年にも亘って行われたと思われます。

　応神天皇・仁徳天皇の時代は、日本が支那より強大な力をもって朝鮮半島を支配下に治めていたのではないか？高句麗の広開土王の碑文にも倭軍が半島に出兵し百済・新羅を破り臣民とした事が記されています。

　大和朝廷として全国統一を成し遂げたのが１０代崇神天皇から１５代応神天皇の時代と思われます。崇神天皇は「四道将軍」を全国に派遣しており、１２代景行天皇はヤマトタケルを九州討伐、出雲討伐に向かわせ東方巡行を行わせています。またヤマトタケルの第二皇子である仲哀天皇の皇后神功皇后が「三韓征伐」を行っています。この１０代から１５代の天皇の時代で日本は強大な国家として成長を成し遂げたと言えるのだろうと思います。

　初代神武天皇から１０代崇神天皇に至るまで日本書紀では、第３巻に初代神武・第５巻に１０代崇神、第４巻に第２代から第９代に至る８代の天皇についてまとめて記載し、しかもいずれも直系男子が跡を継いだようになっています。そしてこれら８代の天皇の崩御の干支が古事記には記載されていないので、架空の天皇とされ欠史８代とも呼ばれています。しかしこの欠史８代の子孫の記述は、数多くあるので全く８代全員が存在していないとも思われない。それにしても日本書紀はなぜこれら８代を第４巻にまとめて入れたのか？

　おそらくは地方豪族の血統的正当性を作り上げるために挿入されたものと思われます。またウガヤフキアエズ朝を消した、その罪滅ぼしの意味もあったのか？それにしても大和朝廷の勢力が全盛期に近畿に見られない装飾古墳が九州・関東北部・東北南部そして山陰に見られるのはなぜだろう。

（ハ）前方後円墳に横穴式石室が登場する

　竪穴式石室は３世紀半ばから５世紀にかけて造られ、横穴式石室は６世紀以降にかけて造られています。横穴式石室の利点は、横穴を閉塞石で閉じれるので追葬や多埋葬が可能なこと。竪穴式石室に比べて横穴式石室は、大きさは縮小したものの石室がキラキラと輝き磨き上げられた鏡のように仕上げられ、精緻を極めた丁寧な造りになっている。まるで会葬者に見ら

れるのを前提にしているかの様です。しかしこの横穴式石室も初期には中の様子が見える形であったものが、後期には見えない形に変化しています。つまり見える形だったのは、死者が飾られる対象だったから。見えないようにしたのは、死を穢れたものとする思想に変わり死者を隠したかったから。いつ変わったのか？

　近畿に於て横穴式石室は継体天皇の時から普及し始めたとあるので、継体天皇の時代から横穴式石室に装飾が施されなくなったと思います。

（ニ）装飾は太陽の光の下で描かれたのでは？

　装飾古墳に描かれた文様モチーフは、三角形を円状に配した「三角文」、コンパスを使って描いた「同心円文」、蕨の穂先の形状をした『わらび手文』、直線と弧線を組み合わせた「重圏文」これらを幾何学文といい、「船」、「盾」、「靫（靫）」、「太刀」「騎馬像」などを具象文と言いますが、それらを６色（緑・赤・黄・白・黒・灰）で色分けして描かれています。これらを精巧に描くには、太陽光の下でないと描けないと思います。多分造営途中に太陽の光が差し込む状態で色の違いを認識しながら描いたと思います。ここまで丁寧に描かれた文様モチーフは、何を伝えようとしたのでしょうか？

（ホ）継体天皇の時、黄泉の国の神話が作られた

　２５代武烈天皇には、後嗣がいなかったので、王朝が断絶してしまう。そこで１５代応神天皇の５世孫である越前国のオオドノオオキミをお迎えしようとしたが拒否される。しかし万世一系の重要性を貫きたいという志を受け入れて即位を承知される。

　５０７年樟葉宮（大阪）・５１１年筒城宮（京都田辺）・５１８年弟国宮（京都長岡）そして北陸の地を出て２０年の歳月を経た５２６年に大和の磐余玉穂宮に遷都したのです。継体天皇が大和の豪族達に受け入れられるのに２０年もかかったということです。しかも自分の地位を盤石にするため、各豪族の娘を后妃に迎え日本書紀では９人の后妃が居られる。特に２４代仁賢天皇の娘タシラカノヒメミコを皇后に迎えて血の繋がりを強める働きをしている。ちなみに現在の皇室も継体天皇に繋がっています。

　継体天皇の時代は、渡来人が重用され帰化した人も多かった。従って彼らの文化風俗が伝わり、ろくろを回して登り窯で高温で作る須恵器（陶器）が盛んに作られています。また磐井の乱のきっかけにもなった大伴金村が任那4県を割譲する代わりに五経博士を招いている。五経博士は漢の武帝が任じた制度で継体天皇の時に来日している。儒学は孔子を教祖と仰ぎ応神天皇の頃5世紀初めに伝来している、道教は後漢末（2世紀後半）に老子を教祖として起こされ日本には5世紀後半に伝来している。仏教は6世紀前半に伝来している。日本には神・儒・仏だけでは理解できないことがあるが、これらは道教思想の産物と思われます。道教は現世利益に重点を置き、易や占いが盛んに行われ、また天界・人界・冥界の三界の世界観を持ち、冥土の十王の一人である閻魔大王は有名です。継体天皇はこの冥界の思想を取り入れることにより死後の世界は、現実の世界とは断絶したものとしたのです。そして「黄泉の国」神話を作らせて、今までとは違う死者を隠す構造の横穴式石室のある前方後円墳を造らせました。そしてその石室には当然装飾は施されない。装飾古墳の思想では、この世とあの世は繋がっている。死者は飾られる対象であって見られる対象でもありました。しかし継体天皇以降の横穴式石室に葬られた死者は隠された対象となった。それを裏付けるために黄泉の国神話が作られたと思います。

　死後の世界について神話に登場するのはイザナミの死です。イザナミは火の神であるカグツチを生んだ事によって火傷をして死ぬことになる。そのカグツチをイザナギがトツカの剣で殺してしまう。その時剣の血が滴ってタケミカズチの神（天照大御神の甥）が生まれる。またカグツチのバラバラにされた身体から8柱の神が生まれる。イザナギは妻会いたさに黄泉の国へ行く。しかしイザナミは黄泉の国の物を食べたので戻ることが出来ないと断る。イザナギはどうしても会いたくて櫛の歯を1本折って火を灯し御殿に入ると、イザナミの身体にはうじがわき、雷神がまとわりつき恐ろしい姿になっていた。その姿を見てイザナギは黄泉の国から命からがら逃げ帰る。そして地上世界と黄泉の国の境「黄泉比良坂」に巨大な岩（千引の岩）を動かして冥界に通じる道を塞いでしまった。これによってこの世とあの世が切り離されてしまう。

「黄泉の国」神話は本来の陰陽思想になじまない。陰陽思想では、陽が栄えるには陰を大切にするというのが基本。黄泉の国は明らかに陰、その陰を忌み嫌うのは有り得ない。死者を忌み嫌い隠してしまう思想は、支那由来の思想である道教から来ていると思われます。陰陽思想では天界（陰）と人界（陽）のみで冥界はない。人は死して後は天界にゆく、その天界の世界を現したのが装飾古墳の文様なのではないか。まさに装飾古墳はその本来の陰陽思想を色濃く残しています。しかもこれが九州・関東北部・東北南部に多いのは陰陽思想のルーツがここにあるからであり、そhere こそが高天原なのではないか？

六、高天原は神話の世界にのみ登場する所か？

　消された王朝の問題を解決するには、日本神話のゆかりの地である高天原はどこにあったかを究明しなければならないと思います。高天原は日本書紀の「天地開闢」の章に「高天原に生ませる神の名は、アメノミナカヌシ尊、次にタカミムスビ尊、次にカミムスビ尊」と記されています。古事記には「天地初めてひらけし時、高天原に成る神の名は、アメノミナカヌシ神、次にタカミムスビ神、次にカミムスビ神」と記されています。いずれも造化の三神は高天原にいたと記されています。日本神話の世界では、天地は神の創造したものではなく自然として既に存在し、そこから神が生まれ、その神が国土を造って行くという構成になっています。まず造化の三神が生まれ、次にウマシアシカビヒコジ神とアメノトコタチノ神の２柱の神が生まれ、この五柱の神々を特別な神として別天神と称し、その後生まれる神代７代１２柱の神々を天津神と称します。そして造化の三神からイザナギ・イザナミの２柱の神に国生みをお命じになる。イザナギ・イザナミは天橋立の上に立って、アマノヌコボシを指し下して島をつくる。古事記には天橋立とは、高天原と瑞穂の国との通路に当たると丹波国風土記に記されている。記紀に記されている国生みの地は、主に西日本で東日本では佐渡ヶ島くらいしか記されていない。

　ホモサピエンスが２０万年前東アフリカで進化して、７万〜６万年前に２度目のアフリカ脱出に成功して、太陽が昇るところを目指して３万８千年前に日本にたどり着く、そして東日本特に関東や中部地方に旧石器時代の遺跡が多数発見されています。西日本には非常に少ない。また朝鮮半島も少ない。しかも岩宿遺跡から出土した磨製石器は、３万５千年前のものであることが放射性炭素年代測定により明らかで世界最古とされました。これらは、日本に到着したホモサピエンスが一刻も早く日の昇る所にたどり着きたいという執念を感じます。そしてその地が関東であり、地理的には鹿島ではないか？その点について田中英道東北大学名誉教授は、次のよ

うに考察されています。

　まず地名からいえる事として、「高天原という地名は単なる神話やフィクションではない、現代にも鹿島神宮や香取神宮、あるいは筑波山などの近くにその名称が残っています。また高天原という名前でなくとも日高見国と通じる北海道の日高地方や東北地方の北上川は日高見川ともいわれている。さらには埼玉県の日高山、奈良県の日高山、大阪府の日高山など日高という言葉が使われている土地はたくさんあります。こうした言葉がずっと残っているということは、土地の記憶として日高見国が残っているということでもあります」

　次に縄文時代の遺跡の場所について「９５％以上と言われるほど縄文時代の遺跡は、関東・東北に圧倒的に多いのです。千葉、東京あたりには多くの貝塚が発見されています。土器・土偶も数多くみつかっています」

　縄文土器に縄目の文様が付けられているのは、古代人の願いが込められていると教授は語られています。「縄で思い浮かぶのは、神社の拝殿の正面に飾られている注連縄です。御神木の幹にも注連縄が巻かれているのを見かけます。お正月の玄関の飾りも多くは縄でできている。これらは張られた縄の内側が清らかで神聖であることを示しています。縄は外から穢れたものが入ってこないようにする境界でもあったと思われる」

　木を燃やして火をおこし、土器を温め水を沸かし中の食べ物を殺菌し食べやすくする。食物が金に当たるとしたら、木・火・土・金・水の陰陽五行の信仰が縄文土器に込められているように思う。

　火焔土器について教授は「炎を思わせるダイナミックで躍動的な造形が特徴ですが、…火炎ではなく水紋だとおもいます。水の流れは清流もあれば濁流もあります。自然災害によって人の生活が左右されるということが、逆に水に対する信仰へとつながり、江戸時代の葛飾北斎にも波や渦がモチーフとして使われています。…私は世界中の博物館をめぐり、数えきれないほどの土器を見ていますが、火炎土器のような造形的に優れたすばらしいものはほかにありません。火炎土器は日本最初の芸術作品と言っていいでしょう。火炎土器には言語では表現しきれない造形の抽象性、非写実性があります。…大陸のいかなる文化と比べても、こんなユニークで、精

神性の強い表現はありません。そこには自然に親しみ、畏れ敬いそれを形に捉えて表現した先祖たちの心が感じられます」

　また日高見国が登場する文献、①日本書紀の景行天皇の27年の記事、②ヤマトタケルノミコトの陸奥の戦いの描写、③平安時代の「延喜式」に定められた祝詞「大祓詞」に日本全体を示す「大倭日高見国」と記されている。このように言葉だけでなく記録も残っている。

　最後に教授は、「日高見国とは、太陽が昇るところを見る国つまり奈良は考えづらい、東の関東・東北にこそそう呼ばれるにふさわしい国があったと考えられる」と述べておられます。

　高天原は縄文時代の北関東・南部東北だったのではないか？　そして大地震・大津波・火山の大噴火によって住むことが出来なくなった高見国の人々は新天地を求めて一つは紀州へ、もう一つは九州南部へ移動していった。紀州へ向かったのは、ニニギノ命の兄ニギハヤヒノ命。九州南部へ向かったのは、ニニギノ命。縄文時代の陰陽思想の面影を色濃く残しているのが関東北部・東北南部。装飾古墳が作られたのが九州北部、出雲、北関東、東北南部、これらの事を総合的に考察すると、継体天皇の治世になり、それまでの皇統と一線を画す意味もあって神話の中に黄泉の国思想が取り入れられた。そして死後の世界は穢れた世界とされてしまった。しかし縄文時代死後の世界は、決して穢れた世界ではなかった。逆に死後の世界を陰と捉え、陽であるこの世を栄えさせるには、陰を大事にする。死後の世界を大事にする。装飾古墳もその思想によって生み出されたと思われます。神話の世界でも死は黄泉の国以外では、決して穢れた世界として扱われていない。イザナミの死によって生まれたものも数多い、カグツチの死からも、スサノオによって殺されたオオゲツヒメの神からも数多くのものが生まれている。これら死によってもたらされた数多くのものは、この世を栄えさせるには欠くことが出来ない。それなのに黄泉の国の神話だけは、陰陽思想の世界では異常であり、継体天皇の時代に付け加えられたと思わざるをえません。しかもこれ以降、死後の世界は穢れた世界というイメージが定着し、神道のお葬式は、故人の自宅か斎場で行い神社の中では行われない。また神社内に墓をつくらない。斎場から自宅に戻った時は塩で清め

る習わしが今も行われている。

七、大乗仏教はなぜ日本で受け入れられたのか？

（1）当時の日本国の周辺事情

　日本に大乗仏教が伝わったのは、後期古墳時代に当たります（５３８年）。支那では北朝（北魏・西魏・東魏・北宗・北斎）と南朝（宋・齊・梁・陳）の時代。倭の五王が南朝の宋に使いを派遣したり、梁の武帝が倭の武王を征東大将軍に任じているなど臣下の立場をとらされていました。支那との最前線は、前漢の時代に作られた楽浪郡・後漢の時代に作られた帯方郡これらが中継地の役目をしていました。後漢から魏に代わった時、邪馬台国の卑弥呼から使いがくる、その時の様子が「魏志倭人伝」に書かれています。この時代日本は「倭」（倭人―みにくいひと）や「奴」（いやしい者）を国名に使われたりして支那の冊封体制下に置かれていました。日本の自主独立路線を支那に認めさせるにはどうしたらよいか、それにはまず支那に負けない統一国家を作り対等な立場に立つこと。前方後円墳を造ったのも国力の偉大さを見せつけるためであり、支那の冊封体制に反抗する姿勢を示すためであったと思います。日本国内の統一と農耕の発展に欠かせないのが鉄の武器と鉄の農機具です。そして鉄の一大産地が朝鮮半島の南部任那です。ここを支配下に治めて鉄を手に入れる。そのために外交手段として仏教を取り込もうとした。丁度鉄砲が欲しくてキリスト教の布教を許した織田信長のように。仏教が入って来るということは、経典が入って来るだけでなく仏像などの美術工芸品それに寺院建築の技法など色々な副産物も入ってくるので、それらを取り入れることで鉄を手に入れやすくなったのではないか？

（2）「自利行」から「利他行」への転換

　紀元前５世紀頃釈迦族の王子としてゴータマシッタルダは生まれ、29歳で出家され35歳で悟りを開かれて、釈迦仏として８０歳でご入滅される。入滅後もその教えは弟子達に口伝され初期経典である「阿含経」とし

てまとめられる。釈迦仏が作った出家集団サンガは、紀元前３世紀頃インド初の統一王朝マウリア朝３代アショーカ王の保護もあり肥大化してゆき、やがていくつかの部派に分かれてゆきます。

　釈迦仏が目指した悟りは、あくまで「自利行」によって獲得するものであり、個人でそれを行うのが困難なので出家集団サンガを作った。そして集団生活をする事により自利行による悟りを得ようとした。従って集団の規則はとても大切にされた。出家者は自ら希望すればあらゆる区別をせず誰でも受け入れられた。入所年次が古い者が上座につく序列はあったが、それ以外は平等で規則さえ守られればサンガでの生活は保障された。従って規則を破った出家者は追放された。この規則である律をとても重視したのが上座部仏教と呼ばれる集団で、西暦１世紀頃セイロン島を経由してビルマやタイに伝わり今も存在しています。

　マウリア朝崩壊後の西暦１世紀頃クッシャーナ朝の時代に、在家の信者や上座部仏教を否定した出家者たちが、「自利行」に依らずとも悟りを得られる「利他行」を主張し始め、自らを菩提薩埵（ボダイサッタバ）略称菩薩と称するようになった。バラモン教の学者である竜樹は「利他行」をより体系化して大乗仏教経典を作り、それは中央アジアやチベットを経由して支那・日本へ伝えられて今も日本において大乗仏教が存在しています。上座部仏教も大乗仏教もインドに定着出来ずヒンズー教に取って代られてしまい、イスラム教の勢力により完全に葬り去られました。

　インドに釈迦が登場する紀元前５世紀は、日本では縄文晩期に当たる。そしてこの時期ギリシャや支那でも聖者が現れている。平和な社会が１万年以上続いた日本に於いても聖者が現れたのではないかと思われます。そしてその聖者が「陰陽思想」を生み出し、それがホモサピエンスがたどってきたルートを逆流して支那・印度・中東・ギリシャへ伝わった。そして次々に聖者が生まれ、その後文化の流れが西から東へ向かい、西暦元年キリストが生まれ、西暦１世紀頃印度で大乗仏教が生み出される。不思議なことに西暦１世紀前後世界の様々な地域で「自分」のことだけを考えていた人々が他の人々の事を突然意識し始める。イエスによるキリスト教、インドにおける大乗仏教、支那（漢・魏・晋の時代）における道教、です。漢の高

祖の孫の劉安が道家として「淮南子」という書を著しますが、そこに「陰徳あれば必ず陽報あり。陰行あれば必ず昭名あり」という人間訓が書かれています。日蓮聖人は、弟子の四条金吾にこれを引かれて、「どんなに苦しい時にも信心を貫き通すならば、必ず功徳となってあらわれる」と励まされます。この人間訓は、「化他行」そのものです。

　大乗仏典を作った竜樹の伝記に「当時の諸学を悉く学び尽くし９０日間で三蔵経をマスターした。更に雪山（ヒマラヤ地方）の塔中で一老比丘に会い大乗経典を授けられた」と記されていますが、大乗経典を作ったのは竜樹であり、ヒマラヤで会った老比丘とはだれか、その時授けられたのは大乗経典を生むきかっけとなった「陰陽思想」ではないか？

　大乗仏教が日本に伝わり、現代まで残っているのは、大乗仏教を受け取る側に受け取るべき土壌があったからではないか？　つまり大乗仏教は、縄文時代の「陰陽思想」を思い起こさせてくれたから、また「陰陽思想」が大乗経典により哲学的に構成され宗教学として戻ってきたように思えたから、そして仏像は懐かしい人に出会った感覚を呼び覚ましてくれたからではないかと思います。大乗仏教には高度な教義があるが、陰陽思想には「無思想の思想」とも言われるように教義らしいものは存在しない。しかし全てのものを吸収し、自らのものとして取り込む力を有している。従って大乗仏教の高度な教義を取り入れて、自らその教義を守る側に立つという離れ業をやってのけたのです。それが神仏習合を生み、神宮寺という形を作ったのではないか？この神仏習合こそ世界に比類なきスタイルではないか？

　古来日本は、天照大御神の「天壌無窮の神勅」・神武天皇の「八紘一宇の詔」にもあるように自然を敬い、皇祖神を敬う方針のもと建国されました。５９４年（推古２年）『三宝興隆の詔』・６０６年（推古１４年）「内典興隆の詔」により、仏教の布教が宣言され、６０７年「神祇祭祀の詔」が出されますが、神祇祭祀敬神は古来の詔に既に含まれており、今更出すものでもありません。この詔で重要なのは「陰陽和開」の記述です。この宣言こそが神仏習合運動に繋がっていくのだと思います。

　「神祇祭祀の詔」を紹介しておきます。

「朕聞く、曩者、我が皇祖の天皇等の世を宰めたまへる、天に踊り地に蹐して、敦く神祇を禮ひ、周く山川を祠りて、幽に乾坤に通はす。是を以て陰陽開け、和ひて、造化共に調ふ。今、朕が世に當りて神祇を祭祀ふこと、豈怠あらむや。故れ、群臣共に為に、心を竭して、宜しく神祇を拝ひまつるべし」

（3）一旦否定された「空」を使って「自利行」から「利他行」へ転換した般若心経

　最も古い仏典の一つ「スッタニパータ」に「常によく気を付け自我に固執する見解を打ち破って、世界を空なりと感ぜよ、さすれば苦を乗り越えることが出来る」とあります。バラモン教では人間の根底にアートマン（永遠の自我）を置いたが、釈迦は物事を固定しそれに執着することこそ苦の原因であり、執着から離れた「空」の世界観を説かれました。それは厭世的・消極的に浅く捉えるのではなく、移り行く世界をそのまま受け入れ自分の人生をしっかり生きてゆくという、物事にこだわらない積極的に深く捉える世界観です。しかし釈迦滅後百年後の部派仏教の時代「すべてのものを実在する実体」と考える「説一切有部」が実在論を唱えるようになり、一旦「空」は否定されます。しかしこれに対して大乗仏教は「空」の理論を復活させ、竜樹の書とされる「大智度論」別名「魔訶般若波羅蜜多経釈論」を著し般若思想を発展させました。支那語の漢訳に貢献した鳩摩羅什は多くの般若経を集大成します。それを引き継いだ唐の玄奘三蔵は「大般若波羅蜜多経六百巻」漢訳します。日本へ伝えられた「般若心経」は玄奘三蔵訳のものです。この内容は釈迦が説かれた五蘊・六根・六境・十二因縁・四諦の一切の諸法は全て「空」であるとしています。

　陰陽思想的にみると、釈迦が説かれた「一切の諸法」を陽とすると、それを否定する「空」は陰となる。陰陽思想の本来の姿は、陰陽に分けられた両者を対比・対立して捉え、循環・転換して円融一体のものとすることです。般若心経の正式な名称は「魔訶般若波羅蜜多心経」で、魔訶は「偉大な」般若は「智慧」波羅は「彼岸」蜜多は「度」でサンスクリット語を漢字に音写したもので、意味するところは「苦しみのこの世界（此岸）か

ら苦のない安穏な世界（彼岸）へ渡るための偉大な智慧の教え」ということになります。

　まず苦の実体である四苦八苦（生老病死の四苦と愛別離苦・怨憎会苦・求不得苦・五蘊盛苦の四苦）から人は逃れることは出来ない。特に五陰（色・受・想・行・識―人として大切な構成要素）が盛苦になるのは、色に煩悩が降り積もる（蘊）と受想行識が異常興奮状態となり、理性で抑えることが出来なくなるからです。また人は六根（眼・耳・鼻・舌・身・意）を持っているので六境（色・声・香・味・触・法）という能力が生じ、それに翻弄されて様々な欲が出る。その欲によって六識の認識や判断が自分中心の利己的なものとなる。「我」の誕生です。

　次に苦が発生する因果のめぐり合わせを説くのが、十二因縁（無明・行・識・名色・六入・触・受・愛・取・有・生・老死）で、過去の両因を無明と行。現在の五果を識と名色と六入と触と受。現在の三因を愛と取と有。未来の両果を生と老死。このように十二因縁を過去・現在・未来の三世に分けて、過去の無明は煩悩を生み、過去の行は業を生み、そして現在の五果という苦が発生する。また現在の三因である愛と取は煩悩を生み、有は業を生み、そして未来の両果である生と老死という苦が発生する。煩悩と業が原因となって苦という果が生じるという教えです。

　釈迦が説かれたこれら一切の諸法を「空」と解することで、煩悩・業・苦の三道が法身・般若・解脱の三徳に転じ、苦諦・集諦という一切の苦厄から解放されて安らかな彼岸へ渡ることが出来る。「我」を消滅して「無我」の境地に至る滅諦が完成される。そして滅諦に至る道諦として八正道（正見・正思・正語・正業・正命・正精進・正念・正定）が示される。この八正道は出家者に求められる律とは違い誰でも行おうと思えば出来ない事はない。上座部仏教では極端を離れた中道として解脱の直道と捉えられています。この八正道を行おうとした時鍵になる思い方があります。それは自分が迷った時仏様ならどうされるだろうと思うことです。そう思ったとき出てくる答えは、「自利の思い」を超えた「利他の思い」だと思う。自我の基となっている一切の諸法を「空」と解することで自我を否定する「利他行」の教えである「般若心経」を創り出したと思う。

般若心経の最初に「魔訶般若波羅蜜多」と彼岸へ渡る大いなる智慧の教えであると歌い上げ、最後にその知恵の授かる方法を「羯諦・羯諦・波羅羯諦」と呪文を唱える。意味は「煩悩を取り除こう、煩悩を取り除こう。煩悩を取り除き彼岸へ行こう」そして続けて「波羅僧羯諦・菩提薩婆訶」意味は「みんなで煩悩を取り除き彼岸へ一緒に行こう、そして悟りを成し遂げよう」と歌っています。つまり「利他行」を行うことにより、煩悩を取り除く修行をせずとも成仏の道が開かれると説く般若心経は、陰である「空」という概念を使って、陽である「一切の諸法」を否定し、「利他行」を実践する事により彼岸（波羅）に渡る（蜜多）教え、と言えるのではないか？まさに陰陽思想の「無思想の思想」を哲学的に捉えたのが「般若心経」なのではないか？

（４）法華経だけが一切の差別を否定した

（イ）なぜ法華経は「諸経の王」と言われるのか？

釈尊滅後上座部仏教が優勢を占める中、六道輪廻から解き放たれるのは「阿羅漢」と呼ばれる出家者、そして彼らが仏になるべく修行するのに、声聞（サンガの中での修行）・縁覚（サンガに頼らず独自に修行）という二つの立場（二乗）があり、「釈迦の仏教」で認められている悟りへの道です。しかし声聞も縁覚も六道輪廻から解放されたことで満足しています。もう一つ上座部仏教が独自に発明したのが「菩薩」で、本来この菩薩は釈迦が仏になる前の状態を指す言葉で「悟りが燃灯仏によって確定した人」と限定的に用いられていました。これは紀元前２世紀頃に生まれた概念で誰もが到達出来る立場ではありません。

この菩薩の概念に着目して大乗仏教は「悟りを志す人」と読み替え、あらゆる人が菩薩になりうる道を作ったのです。そして二乗は成仏出来ない、菩薩乗こそ成仏出来ると主張します。しかしそれでは小乗と大乗という差別が生じてしまいます。これを解決すべく法華経が登場し、声聞乗・縁覚乗・菩薩乗の三乗の差別を撤廃し一仏乗に統一すべきだと主張します。この主張を陰陽思想で解すると、法華経を陰とするならば、上座部仏教と大乗仏教は陽となります。そして本来の陰陽思想では、両者を対比対立して

捉えるもお互いの立場を尊重して転換し円融統一することなので、一仏乗は三乗を「方便の教え」として捉え決して否定せず統一を図るのです。だからこそ諸経の王となるのだと思います。このような一仏乗の三乗に対する向き合い方は陰陽思想でなければ決して理解できません。

（ロ）女人成仏と悪人成仏

　陰陽思想で神と人を捉えると、神は陰・人は陽となる。お祭りにおける神事は全て夜に行なわれ、昼は人が神に感謝の行事を行う。箸墓古墳について古事記では、「昼は人が造り、夜は神が造った」とあります。次に陰陽思想で雌と雄を捉えると、雌は陰・雄は陽となります。子孫を作るのに雌は子を産み育て、雄は自分の子を守る。その守りに積極的な雄の種族は栄える。そして人の女と男を陰陽思想で捉えると、女は陰・男は陽となります。女は子を産み育て、男は女と子を守る。その守りに積極的な男の家は栄える。

　ヤハーウエを神としてユダヤ教・キリスト教・イスラム教が生まれたが、一神教の世界では人は迷える子羊であり神になることはない。女性は穢れた人と捉え男性より低く扱われる。バラモン教では厳格なカースト制度により階級社会が作られ女性には厳しい制約があります。

　これに対し「釈迦の仏教」では人も仏になれるとし、階級社会や男女の差別を否定しました。釈迦の仏教から派生した「上座部仏教」では依然として女性の出家は認められず、今もタイでは女性の出家者はいません。女性や在家信者はサンガには行かずパゴダという仏舎利の塔に行く。しかし法華経ではこれらの差別を徹底的に否定し、女も悪人も成仏出来るとします。では法華経ではどのように女性は成仏するのか？

　「仏になりたい人手を挙げてください」と言われて手を挙げる人はそうはいません。特に今では死人と混同しているので尚更です。これが「幸せになりたい人手を挙げて下さい」と言われれば、ほとんどの人が手を挙げると思います。しかし仏教ではこの両者は同じです。釈尊は成仏を希望する者には平等に授記を与えています。

。方便品・譬喩品で舎利弗尊者。

- 信解品・薬草喩品・授記品・化城喩品・五百弟子授記品でもろもろの弟子。
- 勧持品で成仏が叶わないと思っていた声聞・縁覚の阿羅漢。養母と元妻の成仏の約束がなされる。
- 提婆品で悪人成仏・龍女成仏

　釈迦が悟りを開かれてから自分と共に出家した5人の元を訪れます。5人は釈迦のあまりにも素晴らしい風貌に感激して即座に弟子となりますが、養母の憍曇弥女・元妻の耶輸多羅女も同じ時期に弟子となります。釈尊は化他行の順序として身近な者から布教を行います。先ずは近い者から順々に広げられていきます。養母と元妻は共に非常に近い縁者であるにもかかわらずなかなか授記されなかったのです。なぜか？　「仏になりたい人手を挙げて」と言われても手を挙げなかったからです。

　方便品では五千人の比丘達が退席します。わざわざ霊鷲山に参集して来て、これから釈迦の説法が始まろうという時に帰ってしまわれる。それを釈迦は「黙然として制止したまわず」とあります。「去る者は追わず幸せを祈る、来る者は拒まず喜びを与える」という心境で、あくまで希望する者しか授記はしません。しかしこの二人は授記して欲しいのです。そこでこの二人は釈迦の顔をじっと仰ぎ見ます。「瞻仰尊顔　目不暫捨」（釈迦の顔をジッと見て目暫くも捨てず）なぜ彼女達は何も言わずジッと釈迦を見ていたのか？

　この勧持品の前の提婆品で8歳の龍女が成仏の授記を受けます。その様子を見た二人は自分達も授記を受けられるのではないか、と思い始めます。それまでは女の自分が成仏出来るとは思ってもいなかった。それを察した釈迦は「女だからと言って自らを軽んじてはいけない。希望する者は男女を問わず大乗の修行を積みさえすれば仏になれる」と言って授記を与えます。今では龍女成仏や提婆成仏を説く提婆品は、成仏の平等を完成させるために法華経が出来てから付け足したと言われています。

　龍女成仏では、龍女が釈迦に宝珠を差し出すとそれを黙って受け取りますが、これは8歳の龍女でも成仏の資格があることを示しているものであり、また龍女が男子に変身して成仏する「変成男子」の姿をとったのは、成仏したことを皆に理解してもらう為の方便であり、決して「女は男に変

身しなければ成仏出来ない」と差別したものではありません。

　勧持品では、成仏が叶わないと思っていた五百の阿羅漢・有学無学の８千人が、成仏を希望して授記が与えられます。そして女人成仏と同じ様に提婆品では、これらの者たちより更に程度の悪い提婆を登場させ成仏の授記を与える。提婆は釈迦の従兄弟だが釈迦を逆恨みして教団を分裂しようとしたり、崖の上から岩を落して亡き者としようとしたり、といった悪事をします。それで弟子たちは牢屋に入れてしまおうとするのだが、釈迦は弟子達に自分と提婆の前世を説き始めます。

　提婆品では、提婆の前世に当たる阿私仙人が前世の釈迦の師匠として現れて釈迦に難行苦行をさせる、しかし前世の釈迦は「情存妙法故　心身無<ruby>懈倦<rt>けげん</rt></ruby>」（心に妙法が存するので、身に心に疲れるということがない）と解してその試練を受け止める。今生で釈迦は成仏し、提婆は来世で天王如来となる。悪人が成仏出来る仕方を説いています。つまり悪人が善人に害をなす、しかしそれが善人にとって試練となり、それを克服する事で善人はより高みに上ることが出来る。そうなると悪人は善人にとって、もはや悪人ではなく「善知識」になってしまう。悪人が善知識に転換する、その転換によって成仏出来る。龍女も男に転換して成仏した。陰陽思想の「転換の法則」が働いているように思います。陰陽思想には絶対的平等観があるように思います。それは一万年以上続いて平和に暮らしてきた縄文時代の知恵が働いていたからだと思います。法華経の平等観の根っこにも縄文時代の平等観があったのではないかと思います。

（5）久遠実成本仏の登場

　大乗仏典の成立時期から見ると、般若経・法華経の後に浄土三部経や華厳経が作られたと思われます。入滅を記している涅槃経には２種類あって、「釈迦の仏教」である阿含涅槃経には入滅後何を頼りに生きるべきかについて「自灯明・法灯明」（自分の努力と釈迦の教えをよりどころに生きる）と説かれています。もう一つの大乗仏教の涅槃経には、釈迦が入滅したのは方便で永遠の存在として説かれています。これによると頼るべきは、人間釈尊から永遠の存在である釈迦如来となってしまう。この両者の違いは

「仏・法・僧」の三宝の内、仏が人間釈尊（丈六の仏）から永遠の存在である如来に変わったこと、法が釈迦の教えから如来の教えに変わったことです。

これを受けて釈迦如来以外の別の如来の世界が、パラレルワールドのように作られます。そしてそこにいる如来は釈迦如来より素晴らしい如来として登場します。浄瑠璃世界の薬師如来・極楽世界の阿弥陀如来・宇宙の中心としての大日如来、これらの如来は皆永遠の存在です。三宝の内の仏宝が変わってしまうと法宝も僧宝もそれに合わせて変わってしまう。小乗の経典から大乗の経典へ、迦葉・阿難から観音・薬王の菩薩と南岳・天台の僧侶へ。大乗の涅槃経の影響は非常に大きいといえます。しかもこの影響は釈迦の仏教の時には、完全に別の教えであったヒンズー教に非常に近づいてしまいインドでは、大乗仏教そのものがヒンズー教に飲み込まれてしまったことです。

ヒンズー教はバラモン教を母体として利用するも崇拝の対象は、動物（特に牛）や山川草木にも及ぶ多神教だがシバ神・ビシュヌ神を主神としています。釈迦もビシュヌ神の９番目の化身としています。特徴としては多種多様な教義を包摂的に取り込んでしまうこと。その結果「梵我一如」という教えを生み出します。「梵」とは神々を生む宇宙の根本原理で「ブラフマン」と呼ばれて世界を客観的に捉える。「我」とは人間で「アートマン」と呼ばれ、この両者を結び「宇宙と人間は同一」と説きます。アートマンは輪廻の主体として「永遠不滅の自我」と主観的に捉えます。「梵我一如」により業（カルマ）の緊縛を断ち切り輪廻からの解脱を目的にしています。大乗仏教に現れるパラレルワールドのような如来の世界は、ヒンズー教の「ブラフマン」と非常に似ています。

法華経に現れる本仏は、架空のパラレルワールドの如来ではなく娑婆世界という現実の世界を救済する如来です。しかも本仏自ら救済するのではなく、本仏の使いを立ててその者に救済をゆだねるスタイルをとります。その使いは地涌の菩薩として従地涌出品第十五で登場します。

その姿は「是諸菩薩身皆金色　三十二相無量光明」（この菩薩は皆金色に輝き三十二相という仏相を具え無量の光明に輝いている）。

その住所は「先尽在(せんじんざい)娑婆世界之下。此界虚空中住」(ズート前の世から娑婆世界の下の虚空の中に住していた)。地面の下の虚空から来たとはどういう意味か？　宇宙のある所から地球を突き抜けて出て来たという意味か？

　その数は「各将六万恒河沙等眷属」(数万に達し、それぞれが数万から数千の眷属を率いていたり)、かと思うと「況復単己楽遠離行」(ただ一人だけで世の中から離れて行を楽しんでいる者もいる)。

　その地涌の菩薩と釈迦如来の関係は「此等是我子」(これらはこれ我が子)「我従久遠来　教化是等衆」(我久遠よりこのかたこれらの衆を教化してきた)これでは「父少而老子」父若くして子は老いたり、となり両者の関係を信じることが出来ない。

　地涌の菩薩はどのような菩薩か、「昼夜常精進　為求仏道故」「志念力堅固　常勤求智慧」「説種々妙法　其心無所為」(昼夜常に精進し仏道を求め、仏になりたいという志がしっかりして常に仏の知恵を求めるのに努力を重ね、種々に妙法を説いて、どんな相手にも自分の態度を変えず、位の高い者にもへつらうことなく、低い者にも偉ぶらず、何人も侮らず、また憚らず教えを説く)「善学菩薩道　不染世間法　如蓮華在水」(よく菩薩の道を学んで世間の法に染まらざること蓮華の水に在るが如し)という菩薩である。

　地涌のきっかけは「是諸菩薩　聞釈迦牟尼仏　諸説音声　従下発来」(このもろもろの菩薩が釈迦牟尼仏の所説の音声を聞いて下より発来せり)。「志楽於静処　不楽多所説」(静かなる所を願い騒々しい所を避けて、所説多きことを願わず)地涌の菩薩は決して自らしゃしゃり出るようなことはない。釈迦如来の勧募に応じて他方の菩薩達が娑婆世界の弘教を申し出たところ「止善男子」(止みね善男子)と言って断っている。

　釈迦如来は娑婆世界に法華経を広める者を宝塔品第１１で勧募し、勧持品第１３でそれに応じた者達が「自分達にやらせて下さい」と願い出る。しかし涌出品第１５で「止善男子　不須汝等護持此経」(止みね善男子汝らが此の経を護持することはできません)その理由は「所以者何　我娑婆世界」(我がこの娑婆世界には)「自有六万恒河沙等菩薩魔訶薩」(自ずか

ら多数の菩薩達がいて）この菩薩達が「能於我滅度　護持読誦広説此経」（我が滅度に於いて能く此の経を護持し読誦して広く説くであろう）と述べる。この場面を「付属有在」といって、付属を託する者は既に決まっているのに、敢えて近くの者に勧募しておいて（近令有在）、遠くの者を召し出す（遠令有在）手法がとられている。釈迦如来の目的は始めから地下空中の下方にあるが、この声が下方に届くにはもちろん地上の者達にも聞こえる。聞いた者達は自分達に言われたと思い勧募に応じた。天台大師はこれを「止迹召本」（迹門の菩薩を止めることにより、本門の菩薩を招いた）と釈された。地下にこの呼び出しの声が聞こえて地涌の菩薩達が現れる。法華経はこの地涌の菩薩の出現により、迹門から本門へ舞台が変わります。迹門とは釈尊が未だ本来の仏の本地を顕されない間に説かれた法門（法華経２８品の前半14品）。迹は影また跡の意で例えば月を本体とすれば、池に映った月影は迹となる。釈尊がその生涯をかけて後の人々に遺した法門といえる。本門とは如来寿量品に登場する久遠本仏が説かれた本門（法華経２８品の後半14品）のこと。更に本門は、序分・正宗分・流通分の三段に分けられ、正宗分を寿量品第１６とその前後（涌出品第１５の後半と分別功徳品第１７の前半）の２半とされ、法華経の最も大事な部分です。しかもその正宗分の肝心なところが「自我偈」と名づけられた五百十字の偈文とされています。日蓮聖人は「法蓮抄」のなかで「自我偈は２８品の魂魄なり、三世の諸仏は寿量品を命と為し、十方の菩薩は自我偈を眼目となす」と言われています。

　弥勒菩薩が抱いた数々の疑問、特に「是無量菩薩　云何於少時　教化令　発心　而住　不退地」（この無量の菩薩をばいかにして少時にて教化発心せしめて不退の地に住せしめたまえる）ことは、釈迦如来自身の正体を明らかにしなければ解き明かせない。そこで「願仏為未来　演説　令開解」（未来の人のために説きたまえ）と釈迦如来にお願いする。いよいよ如来壽量品第十六が説かれる。そこで久遠の本仏は、釈尊に「自我偈」を語らせる。久遠実成の本仏を陰とすると娑婆世界の衆生は陽となる。陽が栄えるには陰の存在を明らかにしなければならない。その鍵を握っているのが「自我偈」である。経文は衆生に益をもたらす益物と捉えられるが、この「自

我偈」も過去・現在・未来の三世の衆生の益物を語っています。

　まず過去益物で本因を明らかにし、その本因の結果である本果を表し、常にこの土に於いて説法教化している状態が本国土であると語っている（本因妙・本果妙・本国土妙の本門三妙）。迹門では釈迦が修行の因を積むことによって覚りという果徳を得る。しかし本門では久遠実成の本仏は五百塵点劫という無窮の昔に成道した仏、無始の古仏で始めから覚られた仏なので既に果徳を有している。因から果が生じる従因至果であると共に果から因に向かう従果向因でもある。従って本仏は既に本因本果円妙具足の大利益を有している。その大利益に包まれている娑婆世界の衆生もその利益を享受している。迹門に登場する衣裏宝珠の譬え（五百弟子授記品第8）・髻中明珠の譬え（安楽行品第１４）はそのことを語っています。

　次に現在益物では滅を現じた釈尊に対する弟子達（衆僧）の思いを釈迦が述べる。弟子達の思いは「衆見我滅度広供養舎利　咸皆懐戀慕　而生渇仰心」だが、それに対して釈迦は弟子達を通して未来の衆生に利益を与えている。それが「衆生既信伏　質直意柔軟」で、衆生が釈迦如来に対して受持すべき戒を身で表す（本門の戒壇）。

　「一心欲見仏　不自惜身命」は、衆生が釈迦如来に対して心を一所に定め雑念を払い、深く信じるべく口で妙法を唱える（本門の題目）。

　そして「時我及衆僧　具出霊鷲山」は時が来れば釈迦も衆僧も共に霊鷲山に姿を現す。その霊鷲山に現れた釈迦と衆生の姿こそ本尊です。本尊とは宗教に於いて最も尊敬するもの、さすれば本門における本尊とは、久遠実成の本仏の世界であり久遠の昔から厳然として実在している妙法の世界で、この娑婆世界に生きている人の「真の姿」です（本門の本尊）。「本門の戒壇」・「本門の題目」・「本門の本尊」これらを三大秘法として釈迦如来は未来の衆生に与えて下さったのです。

　最後に未来益物が説かれます。長行では未来益物は「常住不滅」の一句四字ですが、自我偈では「我見諸衆生」から「久修行所得」までの４２句２１０字です。未来機感・常住不滅・不見の因縁・得見の因縁・仏の総括の５段に分かれます。

　「故不為現身　令其生渇仰　因其心恋慕」衆生の機が熟して仏を感じる

まで出ない、衆生の機が高潮して渇仰恋慕した所で「乃出為説法」となる。お祭りの見世物小屋もこの哲学を利用している。これが「未来機感」。

　次いで「常住不滅」の段で、長行で釈迦如来が三請三止した上で「汝等諦聴」（汝ら諦かに聞け）と前置きして、「如来秘密神通之力」と８字で宣言し、それを１６句８０字の偈文で説かれます。

　初めに長行の「如来秘密」とは、釈迦如来の正体が「三身常住」しているという秘密を明らかにする事。つまり29歳出家・35歳成道した釈尊を開いて、五百塵点無始の古仏である久遠実成の本仏を現す（開迹顕本）。この娑婆世界に現れた釈尊は久遠本仏の垂迹である事を明らかにした。三身とは法身・報身・応身の事で、法身とは「真理」を顕し宇宙物理学で言うところのダークマターのような無始無終の存在。報身とは「智慧」を顕し夜空に輝く星々のような有始無終の存在。応身とは「慈悲」を顕し人のような有始有終の存在。この三身が常住する事により三身とも無始無終となる。これが如来の秘密である「本門の三身常住」で久遠本仏の正体です。

　ついで長行の「神通之力」とは三世益物の事で特に過去現在未来の衆生に与えられた三大秘法です。そして偈文における未来益物の「常住不滅」の段における「神通力如是」とは、未来の衆生を化導する力です。つまり天台大師が方便品で「諸法実相」により「理の一念三千」を説き、寿量品の偈文「常住不滅」の段により「事の一念三千」を説かれた。これこそが「神通力如是」だと思います。

　ところでこの一念三千という字句は法華経の中には出てきません。天台大師５７歳の夏、弟子の章安に説いた「摩訶止観」のなかで「大師の己心所行の法門」として初めて明かしたものです。この一念三千によって「三身常住」という「如来の秘密」が明かされ、また「三大秘法」という衆生救済の力（神通之力）が与えられました。

　この一念三千の構成要素に「十界互具」という概念があります。十界のそれぞれがお互い他の九界を有しているというものです。しかしこの概念はなかなか受け入れがたく、日蓮聖人も信じ難しの疑いを四つの問答章を立てて考察し、特に仏界と人界が互具していることは「水中の火・火中の水」のごとく信じがたい、しかし「不軽菩薩はあらゆる人に仏身を見て礼

拝し、悉達太子は人身より仏身を成ず、これらの現象を以てこれを信ぜよ」と言われています。

　天台大師が十界互具の法門を立てたのは、例えば石の中の火、木の中の花などは石や木を見ていただけでは信じ難い、しかし火打で石を打つ、また春が来ると花が咲くという縁に触れて火や花が生ずれば誰でもこれを信じる。つまり石や木にはその性が備わっている（性具）そのことを覚れば信じることもできると解されており、仏性や性具を重視されました。

　それに対し日蓮聖人は「龍火は水より出で、龍水は火より生ず」と言われ、全くの反対物でも現象があれば、納得せずともそれを認め信じよと言われています。水は水素と酸素から生じるが、水素も酸素も共に燃える性質を有している「龍水は火より生ず」とはそれを現わしているのか？反対物でも現象に重きを置き互具していると見るのを性具に対して体具と言いますが、人界と仏界が体具しているのは信じるしかなく、仏界に人が飛び込むしかないのだと思います。性具も体具も一念三千の法門を展開したものであり、森羅万象が円融一体であるという陰陽思想の本来の姿に通じるものです。般若心経の「空の思想」や法華経の「一乗観」のように天台大師も「陰陽思想」により、この「一念三千の法門」を説いたのだと思います。これらの事により、大乗仏教がいかに陰陽思想の影響を受けたかを理解して頂けたと思います。自我偈はこの後「良医病子の譬え」を用いて未来の衆生化導を説かれますが、それについては私の著書（佐渡における日蓮聖人）で詳細しておりますので参照して下さい。

（6）儒教・道教の伝来に争いがなかったのはなぜか？

　仏教が伝来した際にそれを受容する側（崇仏派）と拒絶する側（排仏派）とで争いが起きているが、儒教・道教が伝来した際そのような争いは起きていないのはなぜか？

　①、儒教は儒学とも呼ばれるように学問としての色彩が強い。孔子は紀元前５５１年～４７９年の春秋時代の思想家で、周を理想国家とし周代の古典「書経」「詩経」を学んだとある。特に書経のなかに「洪範」という篇があり、そこに「陰陽五行」が記載されている。これが陰陽五行の起源

とする説もあるが、私は縄文時代に起源があると考えます。「三内丸山」遺跡をみても、前方後円墳の築造を見ても縄文時代の方が技術的なレベルが高い。それらを考えれば儒学という学問が日本に入って来ても何の違和感もなかったのではないか？

②、道教は神仙思想に基づく土着的宗教が基礎となっているが、現世利益的色彩が強く、長生術・方術（祈禱・呪術・占星・卜占・医術）を使いこなす超能力者（方士）を養成する面が強く、神仏のような崇拝の対象として捉えていなかったと思う。

③、継体天皇は渡来人を重用し、百済から五経博士（易経・書経・詩経・礼記・春秋）をまねいているが、継体天皇以降７代天皇（安閑・宣化・欽明・敏達・用明・崇峻・推古）に与えた影響は大きいと思う。

　５５３年（欽明１４年）、医博士・易博士・暦博士を来日させている。

　５５４年、百済は五経博士・暦博士・易博士を日本へ献上する。

　６０２年（推古10年）、暦本・天文・地理の書、及び遁甲（忍術・妖術）・方術の書等を献上。

④、聖徳太子に影響を与えた五行色体表。

五行	木	火	土	金	水
五臓	肝	心	脾	肺	腎
五腑	胆	小腸	胃	大腸	膀胱
五色	青	赤	黄	白	黒
五官	目	皮膚	舌	鼻	耳
五識	視	触	味	臭	聴
五志	怒	喜	憂	悲	恐
五常	仁	礼	信	義	智

　五主（五臓の主る器官）、五欲（五臓の要求する感覚）、五神（五臓の主る精神作用・魂・神・意・魄・精）等々あるが、特に五常と五色を組み合わせ、陰と陽を大と小に分けて１２階としたと思う。興味深いのは、儒教における五常は、仁・義・礼・智・信で五行の配当で言うと、木・金・火・水・土の順になり星型の相剋（争）の関係になりますが、色体表における五常の配当では、木・火・土・金・水の順となり円形の相生（和）の関係となります。

　１７条の憲法も陽の最大数の９と陰の最大数の８を足したものではない

か、ただ条文の内容から、１条～７条は王の道、８条～１７条は臣下の道について記されていると思われる。王の道は陰、臣下の道は陽。陰である王の道を大事にすると、陽である臣下の道が栄える。このように聖徳太子は、陰陽五行という実学に興味を持たれ積極的に取り入れる姿勢を示されました。つまり儒教・道教は崇拝の対象ではなく、研究の対象だったと思います。

八、原始仏典が考古学の科学的発展に伴い、明治時代に日本にやって来た

　縄文時代の文明の状態が、考古学の発展によって明らかとなり、それまでの縄文時代の歴史的認識が大きく変わりました。それと同じことが釈迦の教えである原始仏典にも起きました。

（1）インドの歴史
　「インド史の特性」として中村元、元東京大学名誉教授は次のように述べられています。
　「インドには史書がない」と言われます。「西洋ではキリスト紀元で統一されていますが、インドには紀元の記載法が２０以上あり、それぞれの地方で異なります。従って歴史的事件があってもそれがいつ起きた事柄かはっきりしない。そしてインド人はそのことに平気であり、むしろその事件を詩的に幻想的に捉えることに興味を示し、たとえ史書的側面を有していても、芸術作品としての価値に重きを置きます。従ってその事件の変遷の跡を明らかにするためには、伝説的空想的な史書の記載を考古学的調査や碑文の文章と照らし合わせる文献学的考察をする必要があります。幸いインドには、多数の碑文や銘文それに石柱が残存しており、歴史的研究のためには豊富な材料を提供してくれています。またインドには残っていないけれど諸外国との交渉記録があります。特に仏典はインドには存在しませんが漢文やチベット語で伝えられています。またアレキサンダー大王との交渉記録も残っています」
　インド史を大雑把に区分すると、釈迦生前のコーサラ・マガダ等を「都市国家の時代」（紀元前５００年ころ）、次に統一国家であるマウリア朝（アショーカ王）からクシャーナ朝（カニシカ王）までを「仏教興起の時代」（紀元前３００年～西暦２５０年）、異民族が侵入したゴール朝・奴隷王朝からモンゴル人のムガール帝国までを「仏教絶滅の時代」（西暦１１９４

年～１８５８年）。仏教絶滅の原因となったイスラム過激派の侵略は、凄まじく当時の仏教寺院は悉く破壊され、経典は焼かれ、多くの僧侶も殺され、跡形もなく葬り去られました。最近でも西暦４５０年に作られたバーミヤンの大仏がイスラム過激派によって破壊されたのは記憶に新しい事です。そしてイギリスの植民地支配から現代までを「仏教再発見の時代」となります。

　仏教が完全に滅びた１１９４年は、鎌倉幕府が立ち上がった頃で当時日本は南宋と交易をしていますから、インド（天竺）での出来事は知られていたと思われます。当然１２２２年に生まれた日蓮聖人も仏教が滅びた事情を知っておられたと思います。立正安国論にある「所詮天下泰平・国土安穏は、君臣の願う所民の思う所なり、それ国は法によって昌え、法は人に因って貴し。国亡び人滅せば、仏をば誰か崇むべき、法をば誰か信ずべけんや。まず国家を祈て、すべからく仏法を立つべし」のお言葉が重みをもって伝わって来ます。

（２）西洋人による仏教再発見の時代
（イ）誰も読めなかった石柱碑文の謎

　インドには多数の石柱が埋まっています。長さ12メートル、重さ25トン、頭部にはライオンや馬の彫刻が付いているものもあります。しかも表面が磨かれ黄金色に輝いていたとあります。従って石柱が作られた当時は、「金の柱」と言われるぐらい高度な技術で作られたと思われます。しかも古代文字が書かれていました。これら文明の象徴的なものは、ゴール朝・奴隷朝に引き続きトゥグルク朝・テイムール朝といったイスラム過激派によって又も破壊されます。しかしこの石柱が古代文字解読の鍵になります。

　「金の柱」の一つデリー・トープラー石柱は、デリーの北方１６０キロのトープラに立っています。これは土に埋まっていたものをトゥグルク朝の第３代フィローズシャーが１３５６年に掘り起こし立ち上げますが、この石柱の由来をバラモンに尋ねたところ、古代の勇者「ピーマの杖」だと何の根拠もない空想的伝説を語るだけでした。事実そこに書かれている文字は読めないままなのです。文字の解読は１８３７年まで待たねばならな

かったのです。

　これからの事柄は、佐々木閑京都花園大学教授の「仏教再発見の旅」という講座動画を参考にさせて頂きました。

　当時インドに興味を持ったイギリス人達は、キリスト教信者でありイスラム教やヒンズー教には無関心、まして仏教があったことさえ知らない人達でした。しかし東洋には西洋にはない不思議さがあり、オリエンタリズムという世界観を明らかにしたいという純真な興味は、人一倍強かったそうです。

(ロ) インドアジア協会の創設

　１７８３年９月にインドに来たウィリアム・ジョーンズは、２８ケ国語に通じた言語の天才・比較言語学の創始者で、ギリシャ史とインドの接点を発見し、インド古代史の解明に尽力し、インドアジア協会を立上げオリエンタリストの活躍の場を提供したのです。

　１７９３年アジア協会でウィリアム・ジョーンズが、川の名前・都市の場所と名前・王様の名前を特定した事を発表。これによってチャンドラグプタの時代が、アレキサンダー大王の後継者セレウコスの時代である事を固定させ、グチャグチャだったインドの歴史にピンを刺したのでした。しかし１７９５年４８歳で亡くなりますが、この時はまだ仏教の事も、アショーカ王の事も、石柱の事も、何もわかっていない状態でした。

　インドアジア協会は、舵取り役を失って活動が停滞してしまいますが、協会の幹事ホルスヘイマン・ウィルソンが「ラージャタランギニー」という歴史書を発見します。その中に「仏教はアショーカ王によってカシミールに導入された」と書かれてありました。ここで初めて仏教とアショーカ王の関連が明らかになります。しかし彼はバラモン教のサンスクリット文献しか興味を示さず、各地から届けられる情報は何年も放置され、シロアリの餌になってしまったという負の側面もありました。従って何もわからない状態は続いたままです。

　ウィルソンと同じ頃、ビルマ・ネパールの外交使節員フランシス・ヴキャナンがビルマで仏教徒になりインド北部を調査していた時、「ブタガヤに

ある寺院はゴータマ・ブッダの悟りの地でアショーカ王の建てたものだ」
と聞かされます。土地の人は、ヒンズー教の寺で「ビュシュヌの足」と呼
ばれる石の台とブラフマン（梵天）神によって植えられたピッパラ樹があっ
たと言っています。しかし「ビュシュヌの足」はアショーカ王が建てた「金
剛宝座」であり、ピッパラ樹は菩提樹であることは間違いない。さらにブ
ダガヤの近くのラージャグリハは、王舎城というマガタ国王ビンピサーラ
の城であり竹林精舎跡であることも分かったのです。しかも後で判明する
のですが、その近くの村には、長年レンガ採取場になっているレンガの壁
や巨大な建物の廃虚跡があるのですが、土地の誰もその由来を知らないの
です。実はこの廃墟こそイスラム過激派によって破壊の限りを尽くされた
ナーランダ寺院の跡だったのです。ヴキャナンはその後スコットランドに
戻ります。これらの報告書は、インドアジア協会に届けるのですが、未読
のまま放置されブダガヤの事も、王舎城の事も、ナーランダ寺院の事も、
公には何もわからない状態が続くのです。しかし西洋人の仏教徒が遺跡調
査に関わった事は、大きな意味があります。

　１８１８年頃に３つの発見がありました。まず一つ目は、東インド会社
の調査員コリン・マッケンジーがジャイナ教の百科全書「パリシシュタハ
ルヴァン」を発見。そこには「ジャイナ教の創始者ジナの死から１５５年
後にマウリア朝が創設された」と書かれていたのです。ジナはゴータマ・
ブッダと同時代の人だからゴータマ・ブッダは紀元前５７０年頃と推定で
きるのです。またマッケンジーは、インド東南のアマラーヴァテイの遺跡
を１７９７年に調査しています。ここにはインド最大でとても精緻なス
トーパがありましたが、１８１６年に再調査した時は全体の４分の１しか
残っていませんでした。20年の間に土地の人によって持ち去られてしまっ
たのです。ここはあの玄奘三蔵（大唐西域記の著者）が立ち寄っているの
ですが、このストーパについては何も書かれていないという謎もあります。

　次に二つ目は、ヘンリーテイラーという大佐がインド北部中央のサン
チーにある丘の上に多数のストーパを発見。多分イスラム過激派の破壊を
免れたと思われます。現在は世界遺産になっています。ここはアショーカ
王の妃でマヒンダの母親の生家の地でもあるので、その縁でここに多数の

ストーパがあるのだと思います。そのストーパには古代文字があり、石柱にも同じ文字があります。

　そして３つ目は、アンドリュースターリングがカルカッタの南、カンダギリにある象の洞窟に碑文を発見。この碑文はフィローズシャー石柱・アッラハバード石柱と同じ古代文字だったのです。次から次と見つかるアショーカ王の石柱碑文。いよいよ古代文字の解読が重要なテーマとなって一大ブームを巻き起こすことになります。

(ハ) 19世紀の爆発的碑文解明（ジェームズ・プリンセプの大活躍）

　このブームに乗って、多くの資料がウィリアム・ジョーンズ亡き後、インドアジア協会から名称変更したアジアベンガル協会に持ち込まれます。まだインドアジア協会だった時にホルスヘイマン・ウィルソン（シロアリに資料を食い荒らされた張本人）の勧めで、カルカッタ造幣局に勤めていたジェームズ・プリンセプを、アジアベンガル協会の書記に推挙します。彼は造幣局でコインの収集研究をしていたので、各地から集まってくる古代文字に興味を持ち、その解明に意欲を燃やすようになります。彼はベンガルアジア協会誌を毎月発行し、集まってくる古代文字の資料を整理分析してその報告を掲載したのです。この文字は土地の人は、ブラフミー文字（梵天の文字）と言っていましたが、彼はこの文字に№１と名付けます。この№１の解明にギリシャコイン（サウラシュトコイン）が登場します。裏に№１が彫られているのです。また№１と現代のインド文字との共通点を見つけ、多くの資料と照らし合わせるという大変な苦労を乗り越えて、まるでジグソーパズルを解くように解明に成功するのです。天才的ひらめきでわずか数分で解明したと本人は語っていたそうです。これによって分かったことが三つあります。まずどの碑文も冒頭に同じ15の文字が並んでいる事、次に４本の石柱碑文（デリー・トープラー、アッラーハバード・コーサンビー、ラウリヤ・ナンダンガル、ラウリヤ・アララージ）の文字はすべて同一である事。そして№１は５種類の母音の形が決まっていて、それに印をつけ足すことによって子音を決める表音文字。しかも現代のインド文字も表音文字なので発音が可能である事、以前縄文時代のオシテ文

字を紹介しましたが、これも形態的には同じ表音文字です。それで15の
文字は「デーヴァーナンピヤピヤダシ」と読めたのです。意味は「神々に
愛された見目麗しき者」、パーリー語に近い地方の方言である事も分かり
ました。サンチーの碑文も読めました。ストゥーパは仏舎利塔なので、多
くは寄進者の名前と身分が書かれていました。それによって寄進者の社会
的地位、貴族か商人か僧侶か女性かも分かりました。それでは「デーヴァー
ナンビヤヒヤダシ」とは誰か?

　この解明に貢献したのがジョージ・ターナー（父はイギリス軍人、スリ
ランカ生まれでプリンセプと同じ年)。スリランカの役人ですが、パーリー
語に興味を持ち英語に翻訳を試みるも、バラモンの僧侶のみが読むことを
許されている事を理由に寺からの持ち出しを禁止されます。それでも諦め
切れず「ガル」という仏教僧侶の助けを得て、スリランカの歴史書「大史」
とその注釈書を手に入れることに成功します。「大史」を捜索中に偶然ス
リランカ南部の古代岩窟寺院で「島史」という歴史書も発見しました。こ
れはスリランカ僧侶も読めない難解な書でしたが、年代的に「島史」が始
めでそれを体系化したのが「大史」という関係が分かりました。ターナー
は役人の仕事をしながら6年間一人で翻訳を続けるのです。これと同じ頃
スリランカのイギリス軍人チャプマン大尉が、アヌラーダルの遺跡を発見
します。発見時は埋もれていましたが、スリランカの古代都市の跡で「大
史」にも記載されています。今は一大観光地になっています。これは「大史」
が歴史書であることの証明になるので、ターナーは大いに勇気づけられた
と思います。そしてこの「大史」に「デーヴァーナンピヤテイサはセイロ
ンの王である」と記されていました。この報告を受けたプリンセプは、「デー
ヴァーナンピヤテイサ」は「デーヴァーナンピヤピヤダシ」の事かと思い、
それを協会誌に載せると、ターナーから「デーヴァーナンピヤヒヤダシの
事は、大史には記されていないが、島史には記されている」と手紙が送ら
れてきます。「島史」の第6章に「ピヤダシがアショーカ王であることの
証拠として釈尊が涅槃に入られた後218年にピヤダシが灌頂を行い王位
に就いた」「この王はチャンドラグプタの孫であり、ビンドサーラの息子
で王子である」と記されていました。また15章にスリランカのアリッタ

大臣がアショーカ王のもとを訪れた時の記録として「陛下大王よ、お子様で息子でもあられるマヒンダという長老が、あなたのもとに私を遣わされたのです。大王よ、友でありブッタを信奉しておられるテーヴァーナンピアテイサ王が、あなたのもとに私を遣わされたのです」と記されていました。これらの事により、両者は別人であり、デーヴァーナンピヤヒヤダシはアショーカ王であることが確定したのです。パーリー語で書かれている「大史」や「島史」は、上座部仏教いわゆる南伝仏教の事が詳しく知ることができる重要な資料です。

　プリンセプは、ブラフミー文字（No.1）だけでなくパキスタン地方から発掘されたシャーフハーズガリの岩石碑文、マーンセフラーの岩石碑文に記されていたカローシュティ文字の解明にも挑みます。この文字は、No.1とは逆の語順つまり右から左へ向けて書かれているのです。日本語も昔は右から左へ書かれていました。内容はNo.1と同じものでした。しかしこのときにのみに現れ消えてしまいます。これはその地方の言語を尊重して彫らせた事を意味しています。そしてパキスタン地方から出土したということは、カローシュティ文字による北伝仏教の経典（大乗仏教）が出土する可能性があることを意味します。パキスタンはイスラム教の国なので人々には関心がなくこれらの遺跡の保存状態は良くないようです。

　プリンセプ、ターナーに引き続きあと二人の研究者が登場します。プリンセプ、ターナーと同じ年のブライアンホジソンです。１８１８年に東インド会社員としてインドに来ますが、気候に恵まれているネパールのカトマンズに移り、そこで博物学的収集をほとんど自分のポケットマネーで行います。その中にチベット語のチベット大蔵経典（大乗仏教）全巻セット、サンスクリット語の仏教写本（大乗仏教）２００典以上があり、これらを次々にカルカッタの協会に送るも、またもウィルソンによって無視されたのです。しかしこれらは、フランスで高く評価されて１８３８年レジオンドヌール勲章を授与されたのです。ちなみにフランスのオリエンタリストでもあるユージン・ビュルヌフはこの写本の中から法華経を見つけ出し、「ビュルヌフの法華経」を世に出すことが出来たのです。

　この二人は仏教の一派である一切有部が所有していた「ディヴィヤア

ヴァダーナ」に、アショーカ王の伝説が書かれていることを発見します。アショーカの碑文、「島史」「大史」、アショーカ王伝説この三つでインド古代史が明らかとなります。

　最後に変人ですが偉大な研究成果を残したチョーマド・ケーリスというハンガリー人が登場します。彼は突然ハンガリー人の起源を研究しようと思い立ち、36歳の時散歩でもするような軽装でしかも単身徒歩でハンガリーを出発し、地中海を船に乗せてもらってエジプトに渡り、中近東経由でアフガニスタンのカブール、パキスタンのペシャワール、インドのカシミールを通ってラダクのレーに着きます。ここはインド領ですがチベット文化圏ですので、ここに16か月滞在してチベット語を研究し、１８３１年にカルカッタに行きます。ここでアジアベンガル協会の存在を知り、チベット語の知識を買われホジソンの助手となり、幾ばくかの報酬をもらいます。この時期はウィルソンに代わってプリンセプが会長だったので１８３４年名誉会員となりチベット語の辞典を出すことが出来ました。いよいよハンガリー人の起源を突き止めるべくチベットのラサを目指して旅に出るのですが、マラリアに罹り死去してしまいます。享年５８歳みんなから菩薩と呼ばれるくらい高潔で慈悲の精神にあふれた人だったようです。

（二）アショーカ王の政治理念

　ジョンソン、ウィルソン、ヴキャナン、マッケンジー、テイラー、スターリング、プリンセプ、ターナー、ホジソン等の努力によって、サンスクリット語の北伝仏教がチベット・支那に渡り漢訳されて日本へ。パーリー語の南伝仏教がスリランカを経てタイへ。この二つの伝承ルートが判明したのです。インドでは完全に消滅した仏教が周辺の国々に伝わり、それぞれの地域の文明に影響を与え、ゴータマ・ブッダは仏様として崇められています。この度の再発見により紀元前数百年の古代インドの世界が現代に蘇って来たのです。そして古代インドの主人公はゴータマ・ブッダとアショーカ王です。ゴータマ・ブッダの宗教観がアショーカ王の政治理念となり、その政治理念が彫られているのが岩石碑文と石柱碑文です。岩石碑文は

14章からなっています。（ここに紹介するのは、佐々木閑京都花園大学教授の講座動画を記述したものです）。この14章からなる「法の勅令」は、テーヴァーナンピアピアダシの即位10年に刻名されたものと記されている。

第1章　いかなる殺生も禁じる。かつては王の台所でも多数の動物が殺されていたが、いまでは二匹のクジャクと1匹の鹿だけが殺されており、それもいずれは殺されなくなるだろう。

第2章　領土内や周辺国の至る所に、人間と動物の病院を建てた。薬草も輸入し栽培させた。道路には木を植え井戸を掘らせた。

第3章　王の業績は税務官・法務官・地方長官を5年任期で派遣した。父母への従順と知人・親族・沙門・バラモンへの布施と不殺生、質素倹約は善である。

第4章　それまで何百年も善は行われていなかったが、王の「法の実践」により今行われるようになった。法が衰退しないようにここに彫らせた。

第5章　私は困難な善を実践している。子孫も代々善者であり、背く者は悪である。私は新たに「法大官」という官吏を任命した。それは、法に専心する者の利益と安楽のため、多くの人間関係を安定させるため、囚人を保護するため（死刑の執行を伸ばすのは、その間に善を積んで来世良きところに生まれ変われるようにするため）に働いている。

第6章　私が食事中であれ、後宮にいる時でも官吏は人民の事を報告しなければならない。私には有情を現世で安楽にし、来世で天に生まれさせる義務があるからだ。皆の利益以上に大切なことはない。

第7章　全てのものが自制と清浄な心と知恵と強い信仰を持つことを願う。

第8章　他の王は遊びで巡行するが、私は即位10年に法の巡行を行い三菩提（悟りの地ブダガヤなどの聖地）を訪れて、沙門・バラモンを訪問して布施し、長老に金銭を与え、地方の人民に会って法の教誡を行った。それは大きな喜びである。（私にとっての善行で徳を積む事になり、来世が安穏になる事を示している）

第9章　人民は事ある毎に儀式（バラモン教の）をするが、その果報は小さい。本当に良い果報がある儀式は「法の儀式」である。それは召使いなど下の者を正しく扱うこと（万民の平等を説いている）、師への尊敬・不殺生、沙門・バラモンへの布施。この「法の儀式」それこそが現世の安穏と来世の天界をもたらす（在家の者の目的は来世良い所に生まれる事）。

第10章　法を実践するのでなければ、どんな名声も称賛も果報をもたらさない。私はその為に全てを放棄して最大の努力をする。（来世の果報は現世の善のみ、現世の楽は来世の果報をもたらさない）

第11章　法による布施、法による親交、法による縁結びこそが最高の行い。（法とは善なる行い）

第12章　私は出家・在家を問わず全ての宗派を供養し尊敬する。しかし全ての宗派の本質を増進させる布施・供養はしない。自分達だけを称賛し、他の宗派を非難することがないように言葉を抑制和合せよ、それが私の願いである。（アージーヴィカ教という仏教以外の教団にも寄進していることを、マーカム・キットーが発見したバラバルとナーガールジュニの岩窟碑文に記されている。また仏教徒となったアショーカ王が仏教を非難することをやめさせようとしたのではないか？）

第13章　私の即位8年にカリンガを征服し、15万人が移され10万人を殺した。そしてその何倍もの人が死んだ。私はそれを後悔しそれ以来「法の実践」を行ってきた。バラモン・沙門・父母への従順などの「法の実践」をする者には災害・殺害・別離は不幸であり、私にとっては悲痛である。この法による征服は、自分の領土だけでなく、周辺の国々（5か国）においても獲得された。（この勅令は自分の子孫に新しい征服を考えさせないため、「法による征服」だけが「真の征服」であると考えさせるために彫らせたのである）

第14章　この「法の勅令」は、私の領土の至る所に彫られたが、場所やその他の原因やあるいは書記官の不注意のせいで不完全な形で彫ら

れたものもある。

石柱碑文のほうは、7章からなっており、即位26年に彫らせたとあります。中身は岩石碑文のものとほぼ同じです。これら岩石・石柱碑文には、殺生禁止・万民の平等・養生や施薬を行う病院の建築・木を植える、井戸を掘るといった環境や生活インフラの整備のほか、王の在り方・行政官の資質また他国に対しての無

理な侵略の禁止、そして宗教団体への接触の仕方に至るまで、事細かに書かれています。現在の日本にも十分当てはまる条項だと思う。

碑文のなかには、政治理念だけでなくアショーカ王の個人的な仏教徒としての訓戒が記されているものもあります。プリンセプの弟子のマーカム・キットー（1808〜1853）が、1846年に「法顕伝」を頼りに発見した「バイラート・カルカッタ小岩石勅令」です。「マガダのピヤダシ王はサンガに敬礼し、厚く三宝に帰依します。私は比丘や比丘尼らが教えをよく聞いて思念することを願います」これはバイラートに僧侶のサンガがあって、その者たちに自分の信条を語ったものと思われます。問題はこの勅令が出された根拠の経典は何かということですが、この時代はまだ大乗経典は作られていないので、スリランカに伝わった上座部仏教経典の中のいずれかであるが、パーリー語の前の経典でこれに当たるのは、スッタニパータという最古の経典ではないかと言われています。キットーはこの功績でウィルソンの推薦を得て東インド会社の正式な調査員に任命されます。

「法の勅令」・「法の実践」・「法の大官」・「法の儀式」・「法による征服」と度々出てくるアショーカ王の「法」とは何か？それは、アショーカ王の政治理念だと思います。以前紹介した「所詮国家泰平・国土安穏は君臣の願う所民の思う所なり。夫れ国は法に依って昌え。法は人に因って貴し。国亡び人滅せば仏をば誰か崇むべき法をば誰か信ずべきや。先ず国家を祈りて須

く仏法を立つべし」（日蓮聖人の立正安国論）この御遺文を陰陽で読み解いてみると「国家や国民は陽に当たるとすると、法は陰となります。陰を大切にすると陽は栄えるので、法を大切にする事によって国家・国民は栄える。しかし陽である国家・国民が亡んでしまえば、陰である法も誰も大切に出来なくなって、法そのものも亡んでしまう。だからまず法を正しく立てて国家を泰平にしなければならない」となります。

（ホ）法顕・玄奘を手掛かりとした仏跡地の再発見（アレキサンダー・カニンガム編）

　これまでは、インドにおけるイギリス人中心の研究でしたが、次はフランスが中心となる漢訳経典の研究が始まります。その研究に大きく貢献するのが法顕・玄奘の旅行記です。ともにフランス人が翻訳します。

　まず法顕は、東晋の人で３９９年から４１２年の１３年間かけてインドを旅行し『仏国記』を表します。出発時は６４歳、同行した僧は１０人程ですが、途中で亡くなったりインドに留まったりで、東晋の都建康に帰り着いたのは、法顕一人だけでした。インドには４０２年から４１１年まで滞在し、グプタ朝のインド各地を巡ります。帰国したのは７８歳でした。法顕の訪れた場所をマーカム・キットーも訪れているので順次挙げると

　マトゥラー。タージマハールがあることでも有名な都市、ガンダーラ仏とは異なる純インド式仏像が出土している。法顕が訪れた時は、グプタ朝の都でチャンドラグプタ２世（超日王）の時代、仏教が盛んでブッタの弟子達の声聞塔が多数あった。キットーの時は確定。

サンカーシャ。刀利天降下の地。ブッタの生後７日目に死別した母マーヤ夫人に法を説くため、刀利天（三十三天）へ昇天し、３ヶ月間説法した後宝階を降下してサンカーシャの地に現れた。中央の金の階段をブッタ、右側の白金の階段をブラフマー神（梵天）、左側の瑠璃の階段をインドラ神（帝釈天）が多くの天人達を従えて降下した。最後の７段だけは、消えずに残った事を記念して降臨して階段があった場所にアショーカ王が石柱を建てた。キットーの時は未定。

サーヘトマヘート。祇園精舎とも舎衛城（シュラーヴァステイー）とも言われる。コーサラ国の都で長者スダッタと太子の寄進によるものだが、太子はスダッタに必要な土地を金貨で敷き詰められたら譲ると条件を出す。スダッタは本当に金で敷き詰めたので、太子は驚いて土地を素直に譲り自らも樹木を寄付して寺院建設を援助した。キットーの時は未定。

カピラ城。ブッタの出身地。現在のインド・ネパール国境付近。位置については結論が出ていない。

ルンビニ。ブッタの生誕地、ネパールの南部タライ平原にある村。キットーの時は未定。

ラーマグラーマ。ブッタの遺骨を8箇所に分けて奉安したのを、アショーカ王が一旦集めて8万4千か所に分けようとしたが、ここの仏塔には龍（インドではコブラ）がいて取ることができなかった。原始仏典（ブッタからアショーカ王までの経典）スッタニパータには、遺骨を8箇所に分ける経緯が書かれている。遺骨の分配を7種族が申し出ると、クシナガラのマッラ族がそれを拒絶、それに対しドーナのバラモン（コーリヤ族）が8つにわけることを提案する。（マガタ国・リチャヴィ族・シャカ族・ブリ族・コーリヤ族・ヴェータディーのバラモン・パーヴァーのマッラ族・クシナガラのマッラ族）全ての遺骨が分配された後、モーリヤ族が分配を求めてきたが、残っていないので灰を持ち帰った。ブッタが火葬された跡に建てられたラーマバール塚はクシナガラにある。キットーの時は未定。

クシナガラ。ブッタ涅槃の地。最後に沐浴されたと言われるヒランヤパティー川の川底から発見されたという涅槃仏が涅槃堂に安置されている。（涅槃像については玄奘が記録している）キットーの時は未定。

ヴァイシャーリー。最後の旅の地。リチャヴィ族の拠点。維摩経において在家者として登場する維摩詰の出身地。遊女アームラパリーのマンゴウ園もある。第2回仏典結集（十事の紛争）の地でもある。キッ

　　　　トーの時は未定。

パータリプトラ。マガナ・マウリヤ・グプタの都。マガタ国のウダーイン
　　　王の時ラージャグリフ（王舎城）から遷都。マウリヤ朝の時が一
　　　番繁栄、支那では華氏城（花の都公園）と呼ばれていた。ギリシャ
　　　のメガステネスのインド誌には、市街は長さ１４．２キロメート
　　　ル。幅２．７キロメートル。町の周りは掘割が巡らされその幅は
　　　１７８メートル、深さ１３．３メートル。町の周りには５７０も
　　　の塔と６４箇所に門があった、と記されている。法顕も街の荘厳
　　　さには驚き、人の作ったものにあらずと記されている。キットー
　　　の時は未定。

王舎城（ラージャグリフ）。マガタ国の都。ブッタが説法した地の一つ。
　　　現在はラージギル、考古学的解明は進んでいない。キットーの時
　　　は確定。

ブダガヤ。菩提樹の下で悟りを開きブッタが座った金剛宝座と菩提樹があ
　　　り、アショーカ王は石柱を建てている。その後グプタ朝の時に大
　　　菩提寺が建てられ、５２メートルの大塔が立っている。初期は仏
　　　教徒の巡礼地、その後ヒンズー教の聖地となり、紛争が絶えなかっ
　　　たが今はダルマパーラの運動のおかげで両者の共同管理となって
　　　いる。キットーの時は確定。

サルナート。鹿の園の意で、漢訳では鹿野園。初転法輪の地、ガンジス川
　　　の沐浴で有名なベナレス（ヒンズー教の聖地）の北方10キロに
　　　あり、「サルナート仏」と呼ばれる仏像が多数出土している。キッ
　　　トーの時は確定。

　　法顕は、サールナートからパータリプトラに戻り、３年間修学します。
この法顕伝は１８３６年にフランス人のジャンピエール、アベルーレミュ
ザによってフランス語に翻訳され、マーカムキットーはその法顕伝を友人
に英訳してもらい、次々と仏跡を発見してゆきます。しかし惜しいことに
45歳の若さでプリンセプと同じ病気で亡くなります。

　　次に法顕亡き後２００年して三蔵法師で有名な玄奘（６０２〜６６４）
がインドを旅行し、唐の皇帝の命令で「大唐西域記」を書きます。27歳

の時一人で密出国、タクラマカン砂漠・天山山脈を越え３年後インド到着、ナーランダ寺院で修学首席となり６４５年に帰国、通過した国は１２８国３万キロに及びます。

　そして帰国後18年間翻訳に専念します。玄奘の旅行記は、フランス人のスタニスラス・ジュリアンがフランス語に翻訳し１８５８年に「大唐西域記」を出版します。

　もう一人のプリンセプの弟子、アレキサンダー・カニンガム（１８１４〜１８９３）は、プリンセプのあとを受けインド考古学の権威となります。カニンガムは、「法顕伝」と「大唐西域記」の二つを手に入れ現地調査を行い、遺跡の特定と発掘を次々に成功させます。

　まずサンカーシャの場所の発見。法顕伝にはカナウジからの方向と距離が書かれているので、それを手掛に進むとサンカサという村があり、しかもアショーカ石柱も発見されたのでここに確定できました。

　次にサンチーで発見された遺跡の調査（法顕も玄奘も立ち寄っていない）。場所は、１８１８年にヘンリー大佐がインド北部中央の丘の上に多数のストゥーパを発見しています。カニンガムの時には、かなり有名になっていましたが、次々と破壊されて持ち出されるので現状保存にカニンガムは尽力します。今は世界遺産になっていますが、彼の努力なしには世界遺産にはなっていないとの事です。

　サンチーは、インド各地にあるストゥーパで最大級。第１塔は高さ16.5メートル、台の直径36.6メートルで一番大きく、第２塔は一番古い。両方とも浮き彫り彫刻はすばらしく、ブッタの一代記の重要な場面、ブッタ前世の説話（ジャータカ）をモチーフにしたもの、またアショーカ王と思われる人や西アジアの空想獣、民間信仰の神々、象なども彫られているが、いずれもブッタ自身は登場しない。代わりに菩提樹が彫られている。寄進者の数は約６７０人に及び来歴の記されているものもある。サンチーの丘には数基のストゥーパがあったと見られ、台だけは数か所にある。また僧院跡も発見されている。カニンガムが驚いたのは、「島史」「大史」にも同じ名前が彫られていた事で、これはアショーカ時代に各地へ派遣された布教者達の名前であることが確定された事です。このことからサンチーは、

仏教布教の派遣センター的役割を果たしていた事が推察できました。これまでアショーカ王はヒンズー教徒だと主張していたウィルソンは、黙り込んでしまいます。これでアショーカ王は仏教徒であることが確定しました。そしてカニンガムは、「仏国記」「大唐西域記」を頼りに未発見の遺跡を次々に発見します。主なものを挙げると舎衛城（シュラーヴァスティ・祇園精舎）、コーサンビー（ヴァッサ国の都）、アヨーディヤー（コーサラ国の初期の都）、ナーランダ僧院跡、ガンダーラ最大の都市タキシラ（パキスタンの世界遺産でギリシャ・インド・支那の文化の集積地）、ブダガヤではアショーカ王時代の大寺院を発掘し枯れかけの菩提樹を救っている。

　１８６１年考古学調査機関を設立してから１８６５年までの発掘調査は、東はガヤ地方から北西インド、インダス川上流まで、北はカルシから南はダマナル石窟群までの地域に及び、その調査結果をインド考古局年報として報告しています。特に１８６３年頃シャーバーズガリの岩石碑文を発見します。最初フランス人が発見するのですが、その碑文が読めずプリンセプも解読を試みるも失敗します。実はこれはカローシュティ文字で彫られており、１８２３年ジェームズトットが発見したインド西岸のギルナール碑文、１８３０年にマーカム・キットが発見したインド東岸のダウリ碑文、これらと同じ内容の別バージョンであることが分かりました。これで北・東・西のアショーカ王の領域が確定したのです。あとは南です。１８６３年頃と年代が特定ができないのは、この地域はパキスタン部族の支配地で、入ることを禁じられていたからなのです。密入国の罪を承知で調査を実施した気力のすごさを感じます。

　１８７３年カニンガムは、サンチーの近くを馬で旅行中ストゥーパではないかとかと思われる小山を見つけ調査するとやはりストゥーパでした。これは全くの未発見の遺跡で、それはサンチーよりも古く、実物大の神々３０体が埋もれていました。特に女神像は官能的で美術的価値の高いものでした。カニンガムはこれらの遺物をここバールフトに置いておいたら荒廃してしまうので、全てをカルカッタに運んでしまいます。

　彼は１８７７年「アショーカ碑文」を出版し、１８８３年にはマトラーで２メートルの男性像を発見、これには№１文字が彫られておりインド最

古の石像でした。このほか５００近くの発掘に成功しています。

（へ）法顕・玄奘を手掛かりとした仏跡地再発見（カニンガムの弟子編）

　１８７６年、アーチ・カーライルがクシナガラで玄奘が記録した巨大な涅槃像を発見し、ここがブッタ涅槃の地であることが確定します。（法顕の時代には涅槃像はまだ作られていなかったと思われます）

　１８８５年、カーライルがラーンプルーヴァ石柱を発見（カニンガムが引退し、イギリスに帰国する年）。この石柱は、ラウリヤ・アララージ石柱（プリンセプがNo.1を解明した時の４本のうちの一本）を再調査している時に地元民から「これより北の方にビーマの杖と呼ばれている石柱がある」と聞かされ調査してみると、石柱が二本見つかり共にアショーカ石柱でしかも兄弟石柱であることが分かったのです。ここはヒマラヤ丘陵地帯でマラリヤの危険地帯でもあり、北はネパールになります。謎であったルンビニやカピラ城の跡を見つけるきっかけになる石柱でした。

　１８９２年ベンジャミン・ルイスライス（インド版柳田邦男、約９千本の碑文を調査）が、南インドのマイソール州内３か所（ともに近い場所にある）で、アショーカ小岩勅令を発見。三つとも同じ人物が彫ったカローシュティ文字でその人物の名は「書記官チャタバ」と名が記されていました。この人は明らかに北インドの人です。これでアショーカ王の領土はインド大陸全土であったことが明白になりました。残された謎は、ルンビニとカピラ城の場所、そしてパータリプトラの遺跡の未発掘です。

　メガステネスのインド誌に記載されているパータリプトラに埋まっているだろう遺跡がなかなか見つかりません。カニンガムもそれらの遺跡は川の流れで失われたのだろうと諦めてしまいます。そこへ考古学好きのインド医療サービスのワッテル医師が、１８９２年パトナにやって来ます。「大唐西域記」を手に調査をはじめ、あるヒンズー教の寺院が祀っていた女神像がパールフト（カニンガムがカルカッタへ全て運んでしまった遺跡）で出土した女夜叉像とそっくりで、それはその寺の西約１キロのクムラハルという村から出土した事が分かりました。

　１８９６年ワッテルは政府の資金を得て再調査を行います。メガステネ

スのインド誌に記してあった木製の柵や、アショーカ王期の石の柱、そしてアショーカ期の川の流れの跡も発見できました。しかし翌年の１８９７年インド考古学者チャンドラ・ムケルジーが博物館から派遣されて本格的調査が行われ、灰の層（ここはいったん焼かれたと思われる）に埋まった状態で６本のアショーカ期の石の柱を発見します。

１９１３年デヴィット・スプナー（考古学者）が８０本もの石柱で支えられた巨大なホール跡も発掘しました。それは巨大なホールでアショーカ王の師に当たるウパグプタを迎えたと伝えられている説話と一致します。以上によりここクムラハルこそパータリプトラであることが確定しました。その後１９１７年インドのミロのヴィーナスと呼ばれているディダルガンジ・ヤクシ女神像が地元民によって発掘されています。

ルンビニとカピラ城については、「法顕伝」と「大唐西域記」に場所の記載がありますが、両者とも舎衛城・カピラ城・ルンビニ・カナカムニ仏・クラクッチャンダ仏の４か所が登場していますがそれぞれ侵入ルートが違うのと「里」と「由旬」という距離の単位の違いもあって合致しません。

１８８５年ダンカンリケッツがネパール領内で石柱を発見し、上部に彫られている文字の拓本を取り調べてもらったら落書きでした。しかし下の方には№１文字が彫られ、それがルンビニの石柱である事が後に分かります。

１８９３年ウィリアムホーイがタライのネパール側に未知の石柱（ルンビニの石柱とは別）があると情報を得てカドガシュムシュール・ラナ将軍に連絡。ラナ将軍は北インド地方で考古調査をしていたアントン・フュラーにそれを報告します。

１８９５年ネパール政府が期限付きですがタライ調査を認めたので、フュラーがジャングルで沼地の中、大変苦労してタライのニグリーヴァにある石柱に辿り着き、その状態を見ると折れていて大部分は地中に埋まっていました。しかし下の方に碑文があることを見つけ、師であるゲオルグ・ビュラーに解読を頼むと「デーヴァーナンピヤヒヤダシ王は灌頂１４年目に（そこにあった）カナカムニ仏の塔を２倍に増築した。又灌頂？年に自ら来て（カナカムニ仏）に礼拝した」という解読でした。このニグリーヴァ

石柱はカナカムニ仏の場所を確定したことになります。さすればカナカム
ニ仏の仏塔（ストゥーパ）が必ず近くにあるはずです。しかしいくら探し
てもそれらしきものは見つからない、期限付きの調査なのでフュラーに時
間がありません。悲しいことに彼は捏造という考古学者が決してやっては
いけないことをしてしまいます。このニグリーヴァ石柱は本物のアショー
カ石柱でしたが、土台となる基石が見つからないのです。つまりどこから
か運ばれてきたことになります。

　１８９６年フュラーは再度ネパール入国の機会を得ます。もちろん捏造
報告通りの発見をすべくニグリーヴァに直行しようとするのですが、ネ
パールのラナ将軍が強引にパタリヤ村に連れて行きます。そこで見せられ
た石柱が、１８８５年にダンカンリケッツが発見した石柱でした。当時は
拓本をとったのは上部だけでしたが、ラナ将軍が掘り起こして調べたとこ
ろ下部にはNo.１文字が彫られていました。それは「デーヴァーナンピヤヒ
ヤダシ王は灌頂２０年に自らここに来て礼拝した。なぜならブッタ釈迦牟
尼がお生まれになったからである。そしてここで世尊がお生まれになった
ことを記念して石の欄干と、石柱を建てさせた」と記されていました。し
かもこの石柱には亀裂が縦に入っていました。玄奘の記録では「ルンビニ
にアショーカの石柱が立っているが、それは雷に打たれて縦に割れていた」
と記されているのです。しかもこの近くのヒンズー教の寺院から、右脇か
ら赤ちゃんを生んでいる女性の姿を彫った彫刻が見つかったのです。紛れ
もなくルンビニ石柱です。ダンカンリケッツが発見し、ラナ将軍が発掘し
たその事実を隠し、フュラーは自分が発見し発掘したとウイーンのビュ
ラー教授に報告します。取りも直さずルンビニの場所は確定しました。さ
て残りはカピラ城のみとなりました。

　ネパールのラナ将軍は、カピラ城はネパール側にあると見込みを立て、
カピラ城探しに本腰を入れます。彼はまず、「法顕・玄奘の記録によりカ
ピラ城はニグリーヴァー石柱の北西マイル」というワッテル予想を使って
探索したところ、サガルワ湖という湖に突き当たった。彼はその湖の周辺
をくまなく探索したが、それらしきものは何も見つからなかった。丁度そ
の探索を見に来ていたインド仏教学の巨人シルヴァン・レビンが「宝探し

をしている」と皮肉っています。

　１８９７年フュラーは３度目のネパール入国を許されて、すぐさまサガワル湖へ向かいます。このサガワル湖について玄奘は「ヴィルーダカ王がシャカ族を皆殺しにした時に血の池ができた」と記しているので、フュラーはこの湖は「シャカ族虐殺の地」に違いないと想定し、「サガルワ湖の遺跡からシャカ族虐殺の地である事を示す大量の碑文が出た」とまたも嘘の報告をしてしまうのです。

　その頃又謎の石柱があるという報告があり、早速石柱があるゴーティハワ村へ向かいます。途中ティラウラコットにも遺跡らしきものがあると聞かされましたが、それは無視して目的地に行きました。そしてその石柱を調べると、玄奘が記録したもう一つの古仏であるクラクッチャンダ仏であることが分かりました。今度は基石もあるので間違いありません。ここがクラクッチャンダ仏の碑が立っていたところです。これを玄奘の記録に当てはめると、このクラクッチャンダ仏の北方にカピラ城があることが分かったのです。なんとその場所はここに向かう途中に無視してしまったティラウラコットだったのです。しかしまたも期限切れでティラウラコットを調査することが出来ませんでした。しかしティラウラコットの重要性を認識したネパール政府は、ワッテルとムケルジーにフュラーの後を受けて発掘させようとしますが、二人はパータリプトラ発掘以来犬猿の仲なので、別々に分かれて発掘を始めます。ワッテルはティラウラコットはムケルジーに任せて自分は別の場所がカピラ城と考えて独自に発掘をします。

　１８９９年ワッテルが手間取っている間に、チャンドラ・ムケルジーがティラウラコットを探索し、外周２キロメートルの塁壁は発掘しましたが、カピラ城である事を示す遺物（玄奘が記録した四門出遊の記念碑など）は見つかっていません。しかしネパール側はここがカピラ城であることを認め、ムケルジーの調査報告書を出版します。これでカピラ城の場所は決着したかに思われましたが、考古学者でもないハードボアという農園の経営をしているウイリアム・ペッペが登場します。

　１８９７年ペッペが友人の考古学者ビンセント・スミスの意見を取り入れて、自分の所有地であるピプラーワー発掘にとりかかります。ピプラー

ワーはマラリヤの危険地帯タライにあるので、あまり人は近づかなかったようです。ストゥーパはすっかり埋もれていて小山の様になっているので、半信半疑で発掘を続けていくと、１８９８年１月１８日ストゥーパの頂上から３メートル下で滑石製の小さな容器（中には水晶・金飾・ビーズ）更に５メートル下には重さ７００キログラムの大石棺（中には４個の滑石製の壺・水晶の容器・約二千個の副葬品）が発見され、水晶の容器からは№１が彫ってありました。ペッペはスミスに№１文字の写しを送って解読してもらうと「これは釈迦族の仏である世尊の遺骨容器、名誉ある兄弟・姉妹・妻・子たちの奉納品」と記されていることが分かりました。同じ年の２月スミスの友人ウィリアムホーイが、ハードボア農場を訪れ入念に調査したところ本物であることを発表します。するとそれが新聞に載り全世界に広まりました。

（３）原始仏教（テーラーワーダー）再発見

（イ）仏舎利が日本に来る

　この新聞記事を見たタイ人僧侶のジナヴァラヴァンサ（タイ生まれのスリランカ僧侶）がペッペのもとを訪れます。彼はスリランカの仏教徒に遺骨を分けてほしいと申し込んで来たのです。ペッペは「発掘物はイギリス政府の管轄下にあるので私の自由にならない」と答えます。それでイギリス政府との交渉が始まります。

　当時インドではブダガヤをめぐってヒンズー教徒と仏教徒の間に紛争が続いていました。特にブダガヤは仏教の聖地なので、ブダガヤに縁の深いスリランカの仏教徒は聖地回復運動に熱心でした。そんな中イギリス政府は、①仏教徒の不満を解消する必要がある事、②スリランカは英領なので、イギリス政府からスリランカに遺骨を渡してもヒンズー教徒の不満を生むだけである事、③イギリスとしては考古学的に遺物に興味はあるが、遺骨には興味がない事。以上の条件を満たす方法として、ジナヴァラヴァンサがタイ生まれであることに着目して、仏教徒を君主とする当時東南アジアで唯一の独立国タイに渡すことを提案します。そして遺物はイギリスに残し、土地の所有者のペッペには副葬品の６分の１を渡す。遺骨をスリラン

カに渡すか否かはタイに任せる事にしたのです。イギリスらしい外交交渉です。１８９９年ピプラーワー出土の仏舎利は、タイ・ラーマ５世に渡りました。タイのラーマ５世は、仏教国に分けるのが良かろうという事で、スリランカとビルマに分けることにしました。そこへ日本から分けてほしいと申し出があったのです。

　１９００年（明治３３年）初代タイ公使稲垣万次郎は、仏舎利の分与をラーマ５世に申し出ました。タイは原始仏教テーラワーダの国なので、宗派に分かれていません。トップは長老と王様のみなので全ての事はトップダウンで決まってしまいます。テーラワーダとは、上座部仏教または原始仏教とも呼ばれています。釈迦の教えに忠実に従い、その教えだけを受け継ぐ事を目的としているので、新しく経典を作ったり、サンガの形態を変えたりしないので分派が起こりません。ダンマパーラ（５世紀後半頃の人）はその上座部仏教仏典の注釈者で、最近ようやく日本でも読まれるようになってきました。

　それに対し日本は大乗仏教の国なので、数多くの宗派に分かれています。それを知ってか識らずかラーマ５世は、「特定の宗派へは分与しない」という条件を付けて来たのです。日本はこの条件を満たすべく「日本大菩提会」を設立します。この大菩提会は、スリランカ人のアイガーリカ・ダルマパーラ（１８６４～１９３３）が１８９０年に釈尊成道の地ブダガヤに設立した団体で、１８９３年米国シカゴ万国宗教会議にテーラワーダの代表として招待されたりと、世界に向けて仏教復興運動を行っています。１９０２年に来日されて、多くの仏教関係者のもとを訪れたりもしています。宗教家田中智学も、雑誌「太陽」の主筆高山樗牛博士と共に鎌倉小町辻説法霊蹟で写真に納まっています。

　新しく設立した日本大菩提会が仏舎利を貰い受けることになり、１９００年５月２２日僧侶４名・随行者１３名、総勢１７名の仏舎利奉迎団がバンコクに向けて出発。この随行者の中にマックスミュラー（フランスのユージーン・ビュルヌフの弟子）のもとでヨーロッパ仏教学を学んだ南條文雄博士がいます。６月６日バンコク到着、１４日ラーマ５世に謁見、１５日大寺院ワットポー（長さ２０メートルの黄金の涅槃像がある）で仏舎利

を拝受、18日ラーマ5世から千年前にタイで鋳造された黄金の仏像を頂いて帰国の途に就きます。そして7月11日長崎に到着、列車で京都に向かいますが、途中大阪に立ち寄り、四天王寺で大法要を厳修して京都に到着します。京都では東本願寺で3日間法要を厳修して三十三間堂のある妙法院に仮安置されました。仏舎利が日本にやってきたというので数千人の群衆が合掌して出迎えたり、中にはお賽銭を列車めがけて投げる人も現れる始末。京都では108発の花火が上げられたり、各寺の鐘が鳴らされたりとお祭り騒ぎとなりました。仏舎利に対して当時の日本人はなぜこのように大興奮したのか？そのエネルギーは、どこから来たのか？

(ロ) 日本に根付いていた仏舎利信仰

釈迦の遺骨である仏舎利は、飛鳥・奈良時代に建立された四天王寺・法興寺・法隆寺・東大寺の五重の塔に納められていると言われていますが、それが本物かは不明です。将来DNA検査で考古学的に判明するかもしれませんが？とにかく日本には仏舎利を祀る施設は全国に200箇所以上あります。つまり日本には、仏舎利をお祀りする事によってお釈迦様の福徳を頂けるという仏舎利信仰がしっかり根付いていたのです。そこへ科学的考古学によって証明された本物と思われる仏舎利がやって来た。廃仏毀釈の嵐がようやく収まってきた時期とも重なりお釈迦様を安心してお祀りできる喜びもあったと思います。

　妙法院に仮安置された仏舎利は、その後本安置所が決まらず足掛け3年間置きっぱなしになります。翌1901年(明治34年)ラーマ5世から「大伽藍建立の際は材木を提供する」と申し出がありました。しかし建立場所がなかなか決まりません。それに渡航費用も含めて経費だけでも相当な金額になっています。当初の予定では敷地十万坪の寺院を建てる計画なので、総費用はかなりの金額になります。しかし大菩提会は早急に立ち上げた団体なので、そんなお金はありません。各宗派もいざとなったら皆及び腰です。それに資金流用問題も持ち上がり、計画倒れ状態になります。しかし1902年（明治35年）10月12日最後に名乗りを挙げた名古屋にやっと決定します。決定事項は①寺の名前は覚王殿。建設は3年以内に着工。

②2年以内に寄付金募集を完了する。③大菩提会の負債金は大幅減額する。大菩提会はこれらの条件を飲んで名古屋に決定します。

　明治35年11月15日仏舎利が京都から名古屋に運ばれます。前日、長い間仮安置された妙法院で各宗派の代表全員で法要を行って、徒歩で京都駅に向かい特別列車で名古屋へ出発します。京都駅までの沿道には三千人もの人達が集まりました。名古屋では約20万人が名古屋駅から仮安置所の萬松寺まで、仏旗と大菩提会の提灯を掲げお迎えしたのです。「名古屋市未曾有の盛況、大阪・京都の比にあらず」と新聞に記載されました。しかし未だ建設地が決まらず、建設資金の目途も立ちません。そこに田代村の村長（加藤慶二）が10万坪の境内地を全て寄付で賄ってくれたのです。又曹洞宗可睡斎の雲水達が托鉢をしながら人力で荒野を切り開いてくれたのです。1903年（明治36年）4月、安置所が田代村月見坂に決まります。この年タイに居て業を煮やしていた稲垣万次郎が日本に帰国します。彼は日本政府を代表して大菩提会と協議し、①壮大な計画を撤回して規模を縮小する事、②覚王殿と日本大菩提会との関係を断つ事（疑わしい債務のある団体に誰も寄付しない）③覚王山日暹寺という超宗派の寺院を建立する事（タイの古称が暹羅）。以上3点を決定事項として建設工事を開始し、1904年（明治37年）11月15日仏舎利は萬松寺から日暹寺へ、1918年（大正7年）築地本願寺や平安神宮を建設した伊藤忠太が設計した奉安塔に安置され現在に至っています。シャム国はタイ国になったので、1949年（昭和24年）日泰寺に変更しました。

　大菩提会の債務はどうなったのか？副会長で実務の責任者でもあった臨済宗妙心寺の前田誠節が妙心寺の金を流用したとして、責任を問われ禁固3年の有罪判決を受けます。しかし妙心寺はその債務を何とか返済し、これを機会に教育制度を整えて宗門の改革を行います。現在の花園大学・花園学園を創設して仏教教育に力を入れています。佐々木閑花園大学教授は講座動画のなかで、覚王山日泰寺は秘仏扱いして一般参拝者を拒否しているが、お釈迦様は「仏舎利塔（ストゥーパ）は皆が通る辻々に建てよ」と言われたり、教えを乞いに来た人には「師匠に握りこぶしなし」とのスタイルで臨んだことが伝えられています。どうか日泰寺もそのスタイルで臨

んでほしいと願われています。

（ハ）原始仏教が見直される時が来た

　明治以前、仏教は徳川幕府により国教の様に扱われ、宗門人別帳が戸籍の働きをしていました。読まれていたお経は、大乗経典がほとんどで原始仏教の経典は小乗の教えだとされてほとんど読まれていませんでした。原始仏教の経典とされているのは、パーリー語の経典とこれに相当する漢訳の諸経典（阿含経）それにサンスクリット語の経典の三つです。パーリー語の経典は、日本で全訳したものが「南伝大蔵経」（７０巻）として出版されています。この中には「スッタニパータ」（非常に古いもの）、「ダンマパダ（法句経）」（ダンマとは法・パダとは句の意味）、「ジャータカ」（釈迦の過去世物語）などがあります。これらを一括して原始仏教と呼んでいます。中村元東大名誉教授は「釈迦が説いたのは、おそらくマガダ語で、それが後にパーリー語で語られ、更にサンスクリット語で語られ文字に写されたのはかなり後のことになります」と述べておられます。これら原始仏典は西洋に於いてパーリー語が、研究されるようになって日本でも少しずつ知られるようになり、漢訳と英訳を基礎にしてパーリー語から日本語に翻訳されるようになったとのことです。

　言語の面から仏教の伝来を見ると、原始仏典はマガダ語からパーリー語を経てパーリー文字でスリランカ・ビルマ・タイ・ラオス・カンボジアと伝えられています。又サンスクリット文字（梵天が作った梵字）によって写され、インド北西へ伝えられたものも中央アジアの遺跡から発掘されていますが、断片的なものばかりでほとんど散失しています。大乗経典は基本的にサンスクリット文字で作られ、それが漢訳されて日本に伝わっています。ベトナムも支那経由で大乗経典が伝わっています。

　仏典中最古の聖句集であるダンマパダの特徴は、対機説法で日常生活の中の出来事を通して一人一人に生の言葉で法を説かれた仏典である事。真理を求めて来た人には自由な雰囲気で臨み、身近で人間臭さも感じられる仏典である事。優しい言葉で語られているが、その言葉一つ一つに味わい深い意味がある事。

　なぜ釈迦はこのように分かりやすく教えを説かれたのか？　釈迦の時代は都市国家の時期で、商工業が非常に発達し貨幣経済も盛んになり、都市には莫大な富が蓄積され、商工業者達は組合を作り経済的な実権を掌握する様になり、シュートラという奴隷階級の者でさえ富を蓄えれば、その者に対して進んでその者の用事を務め、その者の気に入る事を行い、心地良い言葉を使うようになる。これは階級制が崩壊し物質的生活が豊かで安楽になるにつれ、物質的享楽にふけり道徳退廃の現象が顕著になった証拠です。いつの時代でもこのような事は、繰り返し起こるもののようです。しかも当時のインドでは思想の自由・発表の自由が認められ、哲人たちの討論会が盛んに行われ、いかなる意見を述べても処罰されることがなかったようです。例えば人の死生観について「人は地・水・火・風の四元素の集まりで、死ぬと四元素は分解してしまい後には何も残らない。従って刀で人を切ってもそれは刀が四元素の間を通り抜けるだけだ」という屁理屈（唯物論）も出てくる始末。又人の一生は生まれる前から既に決まっているから努力しても無駄だと言う宿命論や運命論。しまいには真理など分かったところで何の役にも立たないと、思考そのものを停止してしまえと言う懐疑論。これでは人は何に頼って生きてゆけばよいのか分からなくなってしまいます。釈迦の時代はこういった思想の混乱が起きているのです。しかしこの社会状況は、今の日本の状況とよく似ています。

　大正期の日本は、世界的思想の傾向としてマルキシズムが流行り、やがて昭和になり戦争の色彩が濃くなってくると、マルキシズムからナショナリズムへ強制的に向かわされてしまう。しかし敗戦により古いものは、一切顧みられることなく葬り去られ、価値観もそれまでとは１８０度変わってしまう。またもマルキシズムが台頭するかと思いきや、ソ連崩壊とともにその芽はすっかり無くなってしまう。今や価値基準が定まらない時代へ突入してしまい、人々は快楽に走ったり、運命論や偶然論に支配され努力は無駄だ、自分一人だけ頑張っても世の中は変わらない、やがて全てを懐疑的虚無的に捉えて考えること自体を諦めてしまう。これは釈迦の時代と同じじゃないですか？紀元前の社会状況と西暦２０２０年代の社会状況と全く同じというのは驚きです。原始仏教を見直そうとしている人は、この

事に気づき釈迦の思想に問題解決の道を求めたのではないか。

　釈迦の時代はバラモン教もジャイナ教も輪廻思想を肯定的に捉え、輪廻転生の苦しみから逃れる解脱の方法を示すことが最大の目的でした。それに対して釈迦は、この輪廻転生を否定する立場に立ちます。当時としては思いもよらない事だったと思います。釈迦は我欲を捨て物事の真理を知恵によって悟る事により、全ての束縛から解放されるとしました。この形による解放（解脱）を涅槃（梵語ニルバーナの音写で苦しみが滅した理想の状態）といい、修行の目的としたのです。

　原始仏教はこの涅槃に至る道を誰にでもわかる言葉で優しく説き示したのです。それが「スタニパータ」・「ダンマパダ」・「ジャータカ物語」・「テーラガータ（仏弟子の告白）」「テーリーガータ（尼僧の告白）」などです。これらが西洋人の興味を引き世界中で注目を集め、最も古い経典が最も新しい経典となって再登場してきたのです。その結果日本でも再度見直しが始まりだしたのです。

　インドにおいて、すっかり忘れ去られていた釈迦の存在。その釈迦の教えに傾倒して、インド大陸全土に石柱を建てたアショーカ王。そのアショーカ王が目指したのは、「法の支配」による国家。これらの事実が、２千数百年の時を越えて多くの研究者による、考古学的発見・発掘により、光が当てられて現代の世界に再登場してきました。

　２０２３年から２年間、日本は「国連安保理事会」の非常任理事国となり、１月は議長を務めました（１ヶ月毎に交代）。与えられた役割は、ウクライナに一方的に軍事侵攻したロシアに対し、国際社会が一致して迫れる方法を模索することです。その結果、より多くの国々が参加できる「公開討論会」を行うことにしたのです。議題として挙げられたのは、「法の支配」です。力ではなく国際法に基づいた秩序を尊重するという国連の原点に通じるテーマです。公開討論会に参加した国は７５か国。昨年３月の国連総会でロシア非難決議に反対したアフリカ・モザンビークの大使は、「法の支配を語る以上ウクライナ問題だけでなく、どの国も歴史上の誤りと向かい合うべきと考える。今までの戦争は全てヨーロッパで起きている。まず自分たちが戦争を起こさない方法を話し合うべきではないか」そして「全

ての国は、大国も小国も国連憲章に従う義務を負っている。一方的な単独
行動には反対だ」と述べました。ロシアを名指しして批判した国も沢山
ありましたが、名指ししなくともモザンビークのように国際法に対する明白
な侵害行為に対し、言及した国が多数あったことは、ロシアに対するメッ
セージになったと思います。日本の石兼公博国連大使が、アショーカ王の
「法の勅令」を知っておられたかは、わかりませんが。

九、原始仏教と陰陽思想

（1）原始仏教における転換

　仏教が起こる以前、古代インドのガンジス川上流に住んでいたアーリア人が作ったと思われる身分制度「カースト」により、階級的に明確な身分社会が形成されていました。このカースト制度と表裏の関係にあるのが輪廻転生、迷いの凡夫が六道（地獄・餓鬼・畜生・修羅・人間・天上）に生死を繰り返すというもので、一説ではアーリア人以外の民族の伝統思想に由来していると言われています。天上界は、もはやこの世に生まれることもなく、死ぬこともないとされていましたが、天上界にも寿命があると考えられるようになり、輪廻に含まれるようになったそうです。

　バラモン教では、ブラフマン（梵天）が最高神で、ヴェーダ（聖典）を拠り所にしています。インドの神は、神に近い人に限ってその人の願いを聞く、日本のように神は全ての人々に平等に接するという事はないのです。自分たちの願いを聞いてもらうには、バラモンに布施をして仲介をしてもらう以外に道はなかったのです。このインド社会を支配しているブラフマン・ヴェーダ・カースト制度の三つに疑問を持ち、立ち上がったのが釈迦牟尼仏です。釈迦牟尼仏はブラフマンを否定し、絶対神を置かずに人が悟った教えを尊重する社会を作ろうとしたのです。

　ここで釈迦は用語の転換をします。先ほど天上の神も輪廻転生するように変わったと述べましたが、この天上の神の中に梵天や帝釈天も加えて、絶対神の位置から相対神の位置へ転換します。これによって梵天も帝釈天も世俗の人として扱われ、梵天や帝釈天は名跡のようなものになり、中身の人間は次々と代わってゆく。同じ言葉でも意味の違うものに変えてしまったのです。

　修行により悟りを得た人をブッタと呼び、絶対的神と同列に捉えられがちですが、あくまでブッタは人であり、神という絶対的存在ではありません。宗教を狭義に捉えて絶対的存在である神を信仰の対象とすると定義す

ると仏教は宗教ではなく、人の説いた思想ということになります。従って世俗の人でも教えを学び、戒律を守り修行すれば誰でもブッタになれると説くのです。

　原始仏教として西洋の言語に最も多く翻訳され、読まれているのがダンマパダ「真理のことば」です。我々の生活の指針となるような尊い教えがいろいろ説かれています。一つの出来事を一方からだけ見ずに別の方向から変えてみる事を教えているように思います。

（1－A）「彼は私を罵り、叩き、打ち負かし、私の物を奪い取ってしまった」と、そのような恨みを持ち続ける人達に恨みが鎮まる事はない。

（1－B）「彼は私を罵り、叩き、打ち負かし、私の物を奪い取ってしまった」と、そのような恨みを持たない人達に恨みは鎮まる。

　Aは恨みを持ち続ける人、Bは恨みを持たない人、Aはいつまでも恨みを持ち続けているので、相手にもそれが伝わり両者共に恨みが鎮まる事がない。Bは恨みを最初から持っていないので、けしからんことをした相手にも普段と変わらぬ態度で接するから、相手にもそれが伝わり両者共に恨みが静まってしまう。

（2－A）「物事は心に基づき、心を主とし、心によって作り出される」もし汚れた心で話したり、行ったり、考えたりすれば、荷車を引く牛の足跡に車輪がついていくように苦しみはその人についてゆく。

（2－B）もし清らかな心で話したり、行ったり、考えたりすれば、影が人に離れないように福楽はその人についてくる。

　外見的には同じ行為でも、その人の心根が異なれば、その心根通りの結果が現れる。この対句にはたとえ話が載っています。

　大資産家のマハーパーラがブッタの説法を聞いて出家を決意し、瞑想の修行に専念して阿羅漢果を得るが目を酷使して盲目になってしまう。それゆえ足元の虫に気づかず踏み殺してしまう。仲間の比丘が殺生戒を犯したとブッタに訴えた。ブッタは故意に踏んだのではないから無罪とされた。その時別の比丘が「阿羅漢果を得たのに盲目となったのはなぜですか？」と問うた。ブッタはマハーパーラの過去世の悪業を語る。過去世に於いてマハーパーラは医者であった。患者として来た一人の貧しい女に「目が治

れば奴隷になる」という条件で無料で目薬を与え治療した。目は順調によくなったが、その女は治っていないと芝居をした。それを見破った彼は激怒して毒薬を与えて盲目にしてしまった。これがマハーパーラが盲目になった原因だとブッタは語られた。

　故意に虫を殺せば殺生戒を破ったことになる。故意でなくとも人を殺せば殺生戒を破ったことになる。悪業によって人を傷つければ、それがばれずに現世が終わったとしても来世その報いが必ず現れる。生じた結果には必ず原因がある。その原因がわかれば不安が解消され日々の生活を清い心で送ることが出来、いずれ幸せがもたらされる。

（3）「この世に於いて実に怨みは、怨みによって決して静まる事はない。怨みを持たぬことこそ静まるのである。これは昔から変わらぬ真理である。どんなに輪廻転生しても怨みがある以上復讐心が静まる事はない」この句にもたとえ話が付いています。

　ある夫婦に子が出来なかった。妻はこのままでは追い出されてしまうと思い元気な娘を捜してきて夫の妻とした。するとすぐ妊娠した。しかし前妻は新妻に嫉妬心を抱くようになり、毒をもって流産させた。しかも次の子もまた次の子も流産させた。三度目になってようやく前妻に毒を盛られた事を知り、怨みを残して死んでしまう。夫にもそのことが知られ前妻は夫に殺されてしまう。輪廻転生により新妻は、雌猫―牝鹿―女夜叉。前妻は、鶏―ヒョウ―人の女性。と転生する。両者はともに怨みを残しての転生なので鶏が卵を生むたびに雌猫に食われ、牝鹿の時はヒョウに小鹿を食われ、女として転生した時は二度も赤ん坊が女夜叉に食われた。三人目を生んだ時その子を抱いてブッタのもとを訪ね、「どうかこの子を女夜叉から守ってください」と必死に懇願してブッタの足元に赤ん坊を置いた。ブッタはアーナンダに女夜叉をここへ連れてくるように命じた。その時女夜叉に説いたのがこの句です。この句を聞いた女夜叉は悟りの第一段階・預流果を得た。次に母親に対し赤ん坊を女夜叉に渡すよう言われた。すると女夜叉は赤ん坊をやさしく抱き、母親に返すと急に泣き始めた。ブッタが「なぜ泣くのか」と尋ねると「私はもう人間の子を食べることが出来なくなりました。これからどのように生きて行けばよいのですか」と答えた。ブッ

タは「心配するでない」と言われ、母親に「この女夜叉を家に連れ帰り毎日食事を与えるように」と命じられた。その後女夜叉は「これから雨がたくさん降るから苗を他へ移すように」とか「これから日照りが続くので苗を湿地に植えるように」といろいろアドバイスをして、その女の家は大いに潤い幸せに暮らした。

新妻が人の子を食べる女夜叉に、前妻が子を食べられる女性に転生する。怨みを持ち続ける事により、被害者が加害者に、加害者が被害者になるという立場の逆転現象が起こっている。「怨みは、怨みによって決して静まることはない」の句がよく理解できます。

中村元教授は、著書の中で次のように書かれています。

「これは個人と個人との間で生かされる道理であるばかりでなく、国際的にも意味を持っている発言です。ここで思い出すのは、第二次世界大戦の後で講和条約が締結され、世界の諸国は我が国に賠償を要求したのですが、その時にスリランカ国は、サンフランシスコ条約には参加しましたが、賠償権を放棄しました。その時の声明の中に、この言葉を引いているのです。その時、スリランカ政府の首脳たちは『戦いは終わったのだ。もはや怨みに報いるに怨みを以てすることをやめよう。この精神でスリランカは世界の平和に貢献したい』と。ですからこの教えは今日に至るまで、南アジアの人々の心に温かい気持ちを起こさせているのです。この精神は今後の世界に活かされるべきでありましょう」

グローバル化した現代社会において尚一層拍車をかけたのが、ＡＩの登場です。インターネットは、国家間の壁・言語の壁を簡単に乗り越えて、欲しい情報を瞬時に獲得する。法律はその速さについて行けず、悪用する者を捕らえることが出来ない。煩悩を滅して成仏をめざす「自利行」が、自分の欲望をめざす「自欲行」になってしまい、そこには罪悪感すらない。悪用されることがないのなら、ＡＩは凄いスピードで人を豊かにする。しかしその逆なら凄いスピードで、人のみか地球まで滅ぼしかねない。どうしたら悪用を止められるのか？それは欲望をコントロールできる思想、人のみに限らず自然も宇宙も含めた真理の「法」。それのみが欲望をコントロールできるのではないか。

サンフランシスコ講和会議でスリランカ国のシャヤワルデネ大統領が引用された原始仏教（ダンマパダ）の「慈悲と寛容」、般若心経の執着否定の「空」、法華経の「絶対平等」、これらが真理の法となり、陰となって人々が大切にすれば、陽である人類は栄えると思う。

（2）日本における転換

　日本では古くからこの転換の方法が取られ、神道の神々も仏教を守る守護神へと立場を変えてゆきます。如来（大日・薬師・阿弥陀）、菩薩（観音・地蔵・弥勒・文殊・普賢・日光・月光）、明王（不動・愛染・金剛・夜叉）、天（梵天・帝釈天・吉祥天・弁財天・大黒天）、四天王（毘沙門天・持国天・増長天・広目天）、阿修羅、鬼子母神とすべて仏教を守護する立場をとるのです。

　かつて諏訪大社には多くの神宮寺が存在していました。しかし明治元年に神仏判然令が出されます。仏像を神社で祀ることを改めるよう通達が出され、梵鐘や仏具などを撤去する事を求められました。それが高じて廃仏毀釈という仏像破壊の運動が起きてしまいます。諏訪の人達にとって神宮寺の仏像は、諏訪大明神として祀られていた為、破壊を免れるべく奔走します。しかし五重の塔や普賢堂などは五十両で落札され取り壊されます。取り壊しに当たった村人は皆涙を流したとあります。

　その後仏像は長い間調査されることなく忘れ去られていましたが、２０年前から調査が開始され令和元年から「諏訪神仏プロジェクト」が始動され、神宮寺の全貌が解明されたのです。それによると神宮寺から地元の寺に移された仏像は百体に及び、中でも仏法寺に置かれていた普賢菩薩騎象像は、両眼がえぐられ頭の髻（もとどり）も取られた状態でしたが、７年前に修復して元の姿になりました。その際仏像の頭の内側から「信州諏訪の本尊なり」との書付が見つかったのです。つまり諏訪ではこの普賢菩薩を長い間諏訪大明神としてお祀りしていた事が分かったのです。また惣持院で見つかった仏像は、御正体（みしょうたい）と言って鏡のような円盤の上に観世音菩薩が置かれていて、鏡に神が宿るという教えを、鏡に観世音菩薩が宿るという形にしたもので平安時代によく作られたとのことです。

　神仏習合は奈良時代神道の霊験を強力にする為に仏教の力を借りるべく行われた融合現象で、越前の氣比神宮寺・若狭神宮寺から始まり各地に神宮寺が建てられるようになります。神を仏より一段下の存在とする立場に立つもので、東大寺の大仏建立を助ける為に宇佐八幡宮の神輿（みこし）が上京する事件も起きています。平安時代になると「神は仏が仮に形を変えてこの世にあらわれた」という本地垂迹説も登場し、八幡大菩薩という称号を与えられたり、権現（ごんげん）（仏が権（かり）に神の姿をとってこの世に出現する）様と言われたりしました。更に平安時代後期には、熊野本宮大社・新宮・那智の三社に本地仏として弥陀・薬師・観音に比定されたり、伊勢神宮の本地を大日如来とする説も広く流布しました。

　諏訪の宝光院という無人のお堂には、神仏習合の形がよく残されています。まず神々が降りてくる依り代として白い切り紙が飾られ、本尊として不動明王が祀られ、その前には神が宿る鏡が置かれ、五色の御幣は仏の五つの知恵を現しています。またかつて諏訪下社の神宮寺であった春宮観照寺で祀られていた金銅薬師如来立像が保管されています。このように諏訪大社では、神仏習合の形が長い間大切にされてきました。

　原始仏教も神仏習合も本地垂迹説も、陽が栄えるには陰を大切にするという陰陽思想が土台としてあったように思います。とくに神仏習合の形は、縄文時代の陰陽思想が根っこにあったから出来上がった、平和を愛する縄文時代の人が、作り上げた陰陽思想の慧智が結実したものと思います。

　２０２２年９月諏訪大社上社本宮で１５０年ぶりに総勢７０人の僧侶が諏訪大社に招かれました。奉告祭（諏訪大社ゆかりの仏像の公開を、神前に報告する神事）を行うためです。かつて諏訪大社の本殿で唱えられていた仏教の声明の響きが、土地の人々の願いによりやっと再現されたのです。

十、超進化論（NHK スペシャル）の正体は陰陽思想か？

　私は以前「田中智学先生小伝」と「佐渡における日蓮聖人」を出版しました。前者で智学先生は、日蓮主義の立場から「日本国体」を研究され、「カラスの鳴かぬ日はあっても、予が日本国体を叫ばぬ日はない」と主張されました。後者では、「妙法」により理想国家を実現しようとされた「日蓮聖人の宗教」について述べました。私は長い間この両者の関係がよくわからないままでした。しかし今年放送された NHK スペシャル「超進化論」はこの両者の関係を明らかにしてくれて、立ち込めていた霧も晴れたように感じました。その事について述べておきます。

　一番古い生物は古細菌と思われていましたが、遺伝子解析技術の進歩により古細菌（アーキア）より細菌（バクテリア）の方が古かったのです。地球は４６億年前に始まり、４４億年前に海が誕生し安定して存在するようになったのは３８億年前、その頃バクテリアが誕生し、やがてアーキアと真核生物の共通の先祖がバクテリアから枝分かれして、２４億年前にアーキアの中からバクテリアを取り込むことに成功したものが真核生物に変身します。２０億年前の地球はほとんど酸素がなく二酸化炭素におおわれていました。そこにアミノ酸をエネルギーにするアーキアが生まれます。その頃光合成細菌シアノバクテリアが勢力を伸ばし、地球に酸素が急速に増えてきます。アーキアは嫌気性細菌なので、このままでは絶滅してしまいます。どうやってこの危機を乗り越えたのか？それを解明したのが日本。２００６年和歌山湾の深海からアーキアに近い細菌を採取することに成功したのです。１４年の歳月をかけて培養に成功。するとアーキアの細胞から腕のようなものが伸びてきてその先に居た好気性細菌を捕まえ、自分の細胞の中に取り込んでしまったのです。その好気性細菌は現在ミトコンドリアと名前を変えて酸素を処理してエネルギーにし、免疫や細胞機能の調整にも働いています。他者を取り入れるというのは、病気を招き入れる事につながります。まさにピンチをチャンスに変えたのです。この真核生物

の勇気ある決断が我々多細胞生物を生み出すことに繋がるのです。全ての
能力を手に入れなくてもよい、誰かの能力を借りて組み合わせれば道は続
いて行く。このことをアーキアは教えてくれています。

　この真核生物の中に動物界・植物界・菌界と人が見ることのできる世界、
そして顕微鏡の力を借りなければ見られない原生生物界（真核生物のうち、
単細胞のもの、多細胞でも構造が簡単で植物界にも動物界にも菌界にも含
まれないもの）と、バクテリアやアーキアなどの原核生物界、この二つの
世界は人は見ることが出来ない世界でした。この五つの世界による分類を
ホイタッカーの五界説（１９５９年）と呼びます。１９９０年、アメリカ
のウーズが三ドメイン説（細菌・古細菌・真核生物）を提唱します。私は
陰陽説を提唱したいと思います。陽に当たるのが動物界・植物界・菌界、
陰に当たるのが原生生物界と原核生物界の微生物です。顕微鏡が発明され、
やっと微生物に光が当たったのです。

　生物の重量比で比べると、動物は０．５％、微生物は１０％、植物は
90％（450GT）で圧倒的に植物が多い。地球上で最初の植物は、１５億年
前シダ植物・コケ植物として登場しますが、水を大量に吸収できないため
大きくなれない。そこで維管束を手に入れ全身にパイプを通して水を運ぶ
ことによって、それまでの染み込み方式の１００万倍の力で隅々まで水を
運べるようになる。茎の強度もリグニン（木材質）により堅くなる。そし
て４億５千年前、微生物の力を借りて根から窒素やリンという栄養を吸い
上げる仕組みを作り、巨大化して陸上が覆われるようになっていく。木本
類の時代です。すると日陰が出来て紫外線が遮断され、動物の陸上進出が
可能となる。一方で背の低い植物は光を失ってしまう、光合成が出来な
い。しかし別の木の根から光合成によって作られた栄養を微生物（主に菌
類）からもらって成長していることが分かってきた。土の中の微生物ネッ
トワークがしっかりと森の木々たちを育てているのです。

　４億年前、魚の中からヒレや肺を発達させ陸に上がるものが出てくる。
その時魚の腸に劇的変化が起きる。それまで固いバリアで覆われ、微生物
は近づけなかったが、そのバリアが無くなり微生物が住みつくように進化
する。この進化により現在人の腸には千種類百兆個の微生物が生息してい

ます。

　3億8千年前、維管束植物から種子植物が登場します。それまでは土壌が湿っていなければ受精できなかった。それで卵子は本体に付けたままの状態にして、精子を風で飛ばして受精出来るようにしたのが種子植物の仲間の裸子植物。その後受精した細胞を種子にして地面に落とす。種は固いので耐久力が高い、環境が悪ければ発芽せず待つ、また栄養を種に詰め込めるので、根を伸ばす、日の当たるとこまで一気に成長したりする。裸子植物はめしべに当たる雌花とおしべに当たる雄花が茎の先端と途中にあって、雌花には鱗のように多数の胚珠が集まり、雄花には花粉が空気袋と一緒になって鱗のように多数集まって付いている。花粉が風に飛ばされて胚珠につき受粉して種子になり、また風に飛ばされて広まっていく。しかし花粉がやって来てから胚珠が成熟するため、受精して種ができるまでに時間がかかってしまう。

　それで1億4200年前、登場するのが被子植物。あらかじめ胚珠を子房で保護して成熟させておき、精子がやってきたら受精して胚珠が種子となる。あらかじめ料理を作っておくファストフード店のようなもの。この被子植物の登場は、地球をカラフルな姿に変えました。昆虫による受粉が始まったのです。裸子植物は大量の花粉をばらまいて受精していましたが、被子植物は昆虫に花粉を運ばせることにします。昆虫は、元々花粉を食べに来る厄介者でしたが、それを逆手にとって色とりどりの花を咲かせ、香りで引き付け受粉するようにしむけた。こうして素早い受精と効率の良い受粉によって現在裸子植物は800種、被子植物は25万種に上ります。

　最古の昆虫の化石は、シルル紀（4億4千年前）の土壌からムカデの化石が見つかっています。羽のある昆虫は3億4千年前の石炭紀に現れる。飛ぶだけではなくソーラーパネルのような働きや音も出している。飛翔能力が明らかになったのは、ハイスピードカメラによる映像で、一秒間に185回も羽ばたいていることが分かりました。空気の流れをシュミュレーションで見ると羽の内側に渦が生じ、上下移動が可能になるメカニズムが分かったのです。しかもマイクロCTスキャナーでさなぎの内部を見てみると、1日目は脳・腸・筋肉だけの状態、3日目は触覚・足・口（ストロー）・

脳、特に脳は格段に大きくなっている、6日目は大きな塊の筋肉（飛翔筋）を覆うように羽ができる・幼虫の腸を利用して花の蜜を摂取する内臓が出来上がる、9日目ふ化の前日成虫の体が出来上がり、10日目に脱皮する。完全変態により羽を獲得した昆虫は、空を自由に飛び回り木の中・葉の中・実の中・朽木の中・土の中とあらゆるものの中に入り込み、適応できる場所を広げていきました。１００万種の昆虫のうち完全変態するのは８９万種、他の動物には見られない圧倒的多様性を発揮しています。

　恐竜が亡んだ原因に巨大隕石衝突説がありますが、化石から見ると長い年数を経て衰退したようです。火山の爆発もあろうから、日光不足もあって背の高い裸子植物は生育できなかったと思われます。その代わりやせた土壌でも生育できる草本類が進出。恐竜も巨大で首の長いものから、地面の草を食べる草食恐竜に進化してゆく。草食恐竜は大量に草を食べるので、草は食べられても枯れないように成長点を根のすぐ上にした。成長点が残っていれば葉が伸びるように進化した。また食べられないように土中のケイ素（ガラスの原料になる硬い物質）を利用して葉を硬くした。中には歯と顎を強くした草食動物もいたが、草本類の中で最も進化したイネ科の植物は、葉の栄養を減らしてしまった。硬くて栄養のない葉のおかげで絶滅した種もいる。このように広がってゆく草本類のお陰で草原が広がる。普通進化は単純なものから複雑なものへゆくが、草本類の進化は複雑な双子葉類から単純な単子葉類と進んでいる。子葉を二枚から一枚に、茎も形成層というしっかりした構造からバラバラな構造に、葉脈も網状から平行脈に、根も主根・側根から髭状にと、とにかく成長のスピードを速めることに特化して余計なものを省略する進化の道を選んだのです。

　イネ科植物が草原を席巻する中、草食動物も進化します。硬くて栄養の少ない草をどうやってエネルギーに変えたのか？　牛に代表される反芻動物（一度食べた草をもう一度口に戻してしばらくしてからまた飲み込む）の登場です。牛は４つの胃を持っている、一番目は貯蔵・発酵、二番目は反芻、三番目は調整役で次の胃に送る、四番目は消化吸収。微生物を胃に飼うことによって見事に草をエネルギーに変えた。ヤギやヒツジ、シカやキリンも同じ仲間、ウマやウサギは盲腸で微生物が分解をしている。反芻

動物のお陰で人はタンパク質を手に入れた。植物はアミノ酸を造る仕組み
を持っているので自分に必要なタンパク質を自分で作れる。人は自分が必
要なアミノ酸20種類の内9種類（必須アミノ酸）は作ることが出来ない。
動物の肉や植物のタンパク質から摂取しなければならない。人が牧畜を始
めたのはこのためです。

　人類は牧畜に続いて農耕を始めます。西アジアでは小麦・大麦を、熱帯
アジアでは米を、支那では粟を、新大陸ではトウモロコシを作るようにな
ります。なぜ作るのに労力を必要とするイネ科植物を作るようになったの
か？

　①一年草で成長が早い。

　②種子には炭水化物・ビタミン・ミネラルが含まれ栄養価が高い。

　③単純計算すると一粒から１６００粒に増えるので効率よく収穫でき
る。

　しかしイネ科食物は熟すると自然に穂からバラケテしまう脱流性なので
拾い集めるのが大変。そこへ突然変異により非脱流の株が現れます。その
株を育ててみると全て非脱流性の稲になり、人工的に栽培できる可能性が
見えてきたのです。

　「陰陽思想の本来の姿」で述べた如く、米作りが陰陽思想を生み出した
といっても過言ではない。しかしもっと大きな視点からすると、生命の成
り立ちそのものが陰陽であり、時には「利己的」であったり、あるいは「利
他的」になったり、一旦対比・対立して捉え、お互いの立場を明確にした
うえで、互いの立場を認め、時には立場を変え、また転換して相互の純化
を図り、最終的には円融一体のものとして捉える。

　自由を求める資本主義、平等を求める社会主義・共産主義、いずれも民
主主義から生まれた。しかし生物の進化から捉えれば、人間中心の傲慢な
もののように思う。生物間の情報のやり取りが、科学の進展により頻繁に
行われているのが明らかになってきました。植物同士、植物と虫達、植物
と動物、それに密接にかかわる微生物、なんとも賑やかで華やかに生きて
います。人間だけが天狗になり、自然を征服するなどと考える。今も民主
主義は一番進化した主義とされていますが、この民主主義を超える主義、

超進化主義が現れない限り、国家間の戦争や宗教上の争いもなくならないと思う。

　その超進化主義は、地球における生命の法則であり、縄文時代に起源をもつ「陰陽思想」につながるものと思います。「日本国体」も「妙法」も生命の法則に則った「真理の法」であり、世界平和は、その「法の支配」によってのみ実現できるのだと思います。最後に国体学会を創立した里見岸雄博士の「日本国体の宣言」を掲載して本講を閉じたいと思います。

宣　言

日本国体は日本民族生命体の生み出した精華であって

遠き古代に成生し

中頃久しき歴史を通じて生きぬき

そして今後あらゆる時代の狂乱怒涛をくぐりぬけ

天壌と共に無窮に生きつづけるであろう

それは

人間生命の意義たる道そのものの具体化したものであって

之を古今に通じて謬らず

之を中外に施して悖らざる基本国家である

日本人がこれを正しく認識した時

日本は立正安国の理想国家となり

世界人類がこれを確認して模範とすれば

八紘一宇世界絶対平和の真秩序が確立されるであろう

日本国民よ

万事をなげうって先ずわれわれ自身の国体を研究せよ

あとがき

　縄文時代に生まれた日本の陰陽思想が、西方へ伝わり、それが反転して大乗仏教として日本に伝わる。やがて神道と相まって神仏習合の形を生み出す。明治以降は、原始仏教も再発見されて流入してくる。原始仏教の「慈悲と寛容」・執着を否定した般若心経の「空」・宗教の統一を目指した法華経の「絶対平等」、これら三つが一つになって、再び太陽の光が、東方から西方へ照らし出されるように広がり、世界平和を実現する。しかもこの根本思想は、平和な社会が一万年以上も続いた縄文時代の陰陽思想にその起源を持つ。それを日本人が誇りをもって目覚め自覚した時、世界平和を実現することが、日本人の使命であり、天業であることがわかってくる。その時鍵を握るのが、AIでありIT産業です。今Google・Microsoft・IBMのCEOはサンダーピチャイ・サテアナデラ・アルヴィンドクリシュナと皆インド人です。ハーバードビジネススクールの校長もスリカントダタール・インド人です。インドはこの業界で優秀な人材に恵まれています。なぜか、それは数学の教育レベルが高い事と、この業界はカースト制度に縛られることなく職に就けるからです。仏教という共通点を有しているインドと日本が世界平和に貢献できたら、最高だと思います。

　四年前の令和元年（２０１９）、国柱会道連会堂に於いて講演した際、その講演テープを田中いく子講師がテープ起こしをして下さり、原稿を送って頂きました。私はそのご恩に報じるためにも出版せねばと思い再考を重ねていたところ、２０２０年からコロナとなり、時間も出来て私にとっては、ピンチがチャンスとなりました。また２０２１年から「国体文化」に相澤先生の「聖徳太子を仰ぐ」が連載され、触発されました。この度『徳太子・千四百年の真実』を出版されたことに敬意を表し、益々のご活躍をお祈り申し上げます。

　最後に私事になりますが、２０１６年より息子が帰郷して一緒に暮らすようになり、YouTubeの動画が見られるようになり、本書を書くうえで大変参考になりました。以前「佐渡における日蓮聖人」を出版した際、佐

渡への研修旅行（国柱会中央連合局主催）に参加させて頂きましたが、今回この書を携えてインド旅行が出来れば最高です。

　これで展転社から三冊目の出版になりますが、去年亡くなられた藤本隆之前社長には、大変お世話になりました。謹んで哀悼の意を表します。

　令和五年三月二十一日
　忠誠院護国日一善男子・真行院妙随日敏善女人　二十七回忌追悼出版

　　　　　　　　　　　　　　国柱会北海道連合局長　平野肇二　謹記

参考文献

「陰陽五行」木場明志監修　淡交社１９９７年

「現代に息づく陰陽五行」稲田義行　日本実業出版社２００３年

「古事記の法則」目崎茂和　東京書籍２０１０年

「鍼灸医学」竹之内診佐夫・濱添圀弘　南山堂１９９７年

「ホツマ日本古代人の知恵」松本善之助　渓声社１９８０年

「ホツマ・カタカムナ・先代旧事本紀」エヴリモロー・宮崎貞行訳　ヒカルランド２０１９

「ホモサピエンスの歴史」人類研究会　宝島社２０１７年

「日本の神様」三橋建監修　青春出版社２００７年

「日本の神話」井野澄江・井出創　宝島社２０１９年

「日本書紀の真実」山崎澄江編　宝島社２０２０年

「日本書紀と日本の神々」吉田邦博　学習研究社２００７年

「神様と神社」井上宏生　祥伝社２００６年

「新鹿島神宮誌」鹿島神宮社務所１９９５年

「古代王権の展開」吉村武彦　集英社１９９１年

「天皇と古代史」関川誠・熊谷みのり　宝島社２０１４年

「九州装飾古墳のすべて」池内克史編　東京書籍２０１５年

「黒曜石３万年の旅」堤隆　ＮＨＫブックス２００４年

「黒曜石の原産地を探る」大竹幸恵　新泉社２００４年

「荒神谷遺跡」足立克己　同成社２０１１年

「鏡の古代史」辻田淳一郎　角川選書２０１９年

「ダンマパダ・パーリー語仏典」ダンマパダを学ぶ会２０００年

「ブッタ最後の旅」中村元訳　岩波書店２００１年

「図説ブッタ」安田治樹編　川出書房新社１９９６年

「ブッタ１００の言葉」佐々木閑　宝島社２０２１年

「天皇の国史」竹田恒泰　ＰＨＰ２０２０年

「日本国史・上」田中英道　育鵬社２０２２年

「新日本古代史」田中英道　育鵬社２０２１年

「神仏習合」逵日出典　臨川書店１９８６年

「菩薩の願い」丘山新　ＮＨＫ出版２００５年

「日本国体の研究」田中智学　眞世界社１９２２年

「法華経魂魄」田中智学　天業民報社１９３１年

「紀記建国篇」里見岸雄・大窪梅子　錦正社１９６４年

「法華経一部十巻」桜井智堅編　師子王学会出版部２００２年

「世界史を大きく動かした植物」稲垣栄洋　ＰＨＰ研究所２０１８年

「植物の不思議なパワー」田中修　ＮＨＫ出版２０１５年

「聖徳太子・千四百年の真実」相澤宏明　展転社２０２２年

平野　肇二（ひらの　じょうじ）

昭和30年、北海道生まれ。東京都立大学法学部卒。東京鍼灸柔整専門学校卒。宗教法人国柱会本部奉職。田中智学門下青年協議会参加、鍼灸師、現国柱会北海道連合局長。著書に『田中智学先生小伝上巻』『佐渡における日蓮聖人』（私家版）がある。

日本における陰陽思想

令和五年四月八日　第一刷発行

著　者　平野　肇二

発行人　荒岩　宏奨

発行　展転社

〒101-0051　東京都千代田区神田神保町2-46-402

TEL　〇三（五三一四）九四七〇

FAX　〇三（五三一四）九四八〇

振替〇〇一四〇─六─七九九二

印刷製本　丸井工文社

ⒸHirano jouji 2023, Printed in Japan

乱丁・落丁本は送料小社負担にてお取り替え致します。

定価【本体＋税】はカバーに表示してあります。

ISBN978-4-88656-557-0